CULTURABILITY

João Cordeiro   Débora Zonzini

CULTURABILITY

ALTA BOOKS
GRUPO EDITORIAL
Rio de Janeiro, 2023

Culturability

Copyright © 2023 da Starlin Alta Editora e Consultoria Eireli.
ISBN: 978-65-5520-706-4

Impresso no Brasil — 1ª Edição, 2023 — Edição revisada conforme o Acordo Ortográfico da Língua Portuguesa de 2009.

Todos os direitos estão reservados e protegidos por Lei. Nenhuma parte deste livro, sem autorização prévia por escrito da editora, poderá ser reproduzida ou transmitida. A violação dos Direitos Autorais é crime estabelecido na Lei nº 9.610/98 e com punição de acordo com o artigo 184 do Código Penal.

A editora não se responsabiliza pelo conteúdo da obra, formulada exclusivamente pelo(s) autor(es).

Marcas Registradas: Todos os termos mencionados e reconhecidos como Marca Registrada e/ou Comercial são de responsabilidade de seus proprietários. A editora informa não estar associada a nenhum produto e/ou fornecedor apresentado no livro.

Erratas e arquivos de apoio: No site da editora relatamos, com a devida correção, qualquer erro encontrado em nossos livros, bem como disponibilizamos arquivos de apoio se aplicáveis à obra em questão.

Acesse o site www.altabooks.com.br e procure pelo título do livro desejado para ter acesso às erratas, aos arquivos de apoio e/ou a outros conteúdos aplicáveis à obra.

Suporte Técnico: A obra é comercializada na forma em que está, sem direito a suporte técnico ou orientação pessoal/exclusiva ao leitor.

A editora não se responsabiliza pela manutenção, atualização e idioma dos sites referidos pelos autores nesta obra.

Dados Internacionais de Catalogação na Publicação (CIP) de acordo com ISBD

Z87c   Zonzini, Débora
          Culturability / Débora Zonzini, João Cordeiro. – Rio de Janeiro : Alta Books, 2023.
          224 p. ; 16m x 23cm.

          Inclui índice.
          ISBN: 978-65-5520-706-4

          1. Autoajuda. 2. Desenvolvimento. 3. Pessoas. 4. Cultura. I. Cordeiro, João. II. Título.

                                                  CDD 158.1
2022-1256   CDU 159.947

Elaborado por Vagner Rodolfo da Silva - CRB-8/9410

Índice para catálogo sistemático:
1. Autoajuda 158.1
2. Autoajuda 159.947

Produção Editorial
Editora Alta Books

Diretor Editorial
Anderson Vieira
anderson.vieira@altabooks.com.br

Editor
José Ruggeri
j.ruggeri@altabooks.com.br

Gerência Comercial
Claudio Lima
claudio@altabooks.com.br

Gerência Marketing
Andrea Guatiello
andrea@altabooks.com.br

Coordenação Comercial
Thiago Biaggi

Coordenação de Eventos
Viviane Paiva
comercial@altabooks.com.br

Coordenação ADM/Finc.
Solange Souza

Coordenação Logística
Waldir Rodrigues
logistica@altabooks.com.br

Direitos Autorais
Raquel Porto
rights@altabooks.com.br

Assistente Editorial
Caroline David

Produtores Editoriais
Illysabelle Trajano
Maria de Lourdes Borges
Paulo Gomes
Thales Silva
Thiê Alves

Equipe Comercial
Adenir Gomes
Ana Carolina Marinho
Ana Claudia Lima
Daiana Costa
Everson Sete
Kaique Luiz
Luana Santos
Maira Conceição
Natasha Sales

Equipe Editorial
Beatriz de Assis
Betânia Santos
Brenda Rodrigues
Gabriela Paiva
Henrique Waldez
Kelry Oliveira
Marcelli Ferreira
Matheus Mello

Marketing Editorial
Amanda Mucci
Guilherme Nunes
Livia Carvalho
Pedro Guimarães
Thiago Brito

Atuaram na edição desta obra:

Revisão Gramatical
Rafael Surgek
Thais Pol

Diagramação/Layout
Joyce Matos

Capa
Marcelli Ferreira

Editora afiliada à: abdr ASSOCIAÇÃO BRASILEIRA DE DIREITOS REPROGRÁFICOS   ASSOCIADO CBL Câmara Brasileira do Livro

Rua Viúva Cláudio, 291 – Bairro Industrial do Jacaré
CEP: 20.970-031 – Rio de Janeiro (RJ)
Tels.: (21) 3278-8069 / 3278-8419
www.altabooks.com.br — altabooks@altabooks.com.br
Ouvidoria: ouvidoria@altabooks.com.br

ALTA BOOKS
GRUPO EDITORIAL

SUMÁRIO

	AGRADECIMENTOS	VII
	PREFÁCIO	IX
	APRESENTAÇÃO	XIII
1.	PONTO DE PARTIDA	15
2.	MITOS & FATOS	25
3.	SINTOMAS E SINAIS DE UMA CULTURA DOENTIA	33
4.	COMO PERDER DINHEIRO COM CULTURA	53
5.	NÍVEIS DE CULTURA	77
6.	PERTENCIMENTO, RELIGIÃO E CULTURA	87
7.	CULTURABILITY, ELEMENTOS DA CULTURA CONSOLIDADA E SAUDÁVEL	109
8.	COMO TRANSFORMAR OU CONSOLIDAR UMA CULTURA	133
9.	QUEM JÁ GANHOU DINHEIRO COM CULTURA	149
10.	CULTURA EM TEMPOS DE PANDEMIA E TRABALHO REMOTO	189
11.	UMA MISSÃO DO CONSELHO E DA ALTA GESTÃO	205
	ÍNDICE	219

A cultura, quando bem cultivada, sustenta a estratégia e se torna a principal responsável pela performance das empresas.

AGRADECIMENTOS

O que nós realmente gostaríamos é de poder colocar, nesta página, uma única foto com todos os que nos ajudaram a escrever este livro, mas seria impossível. Foram mais de setenta entrevistas e conversas que tivemos. Aprendemos muito e somos gratos a todos vocês.

ESPECIALISTAS EM EMPRESAS FAMILIARES

Alexandra Costa, Ferreira Costa | Alexandre Vasto, MCASSAB | Ângela Cutait, MCASSAB | Mario Sergio Cutait, MCASSAB | Viktor Cutait, MCASSAB.

EXECUTIVOS DO *C-LEVEL* & CEOS

Antonio Castro, CEO Liquigás | Alberto Perez, CEO TTWork (2021) | Alexandre Medicis, VP Ambev (2016) | Alexandre Rezende, sócio do fundo de investimentos Oceana (2021) | André Novis, CEO BEXP (2021) | Antônio Castro, presidente da Liquigás | Bruno Juan, CEO Gocil (2021) | Caio Nabuco, coCEO Afrinvest (2021) | Cezar Pinelli, CEO Orion Ventures (2021) | Eduardo Moretti, CEO Tintas Iquini (2021) | Graco Farias, CEO Agrivale (2021) | Guilherme Tancredi, CEO CJ Selecta (2021) | Gustavo Assumpção, sócio Ambev (2016) | Guy Peixoto Neto, CEO Operalog (2021) | Heliomar Quaresma, CEO IBE (2021) | Marcelo Lico, CEO Crowe (2021) | Mauricio Cataneo, CFO (2021) | Mauricio Esteves, CEO Afrinvest (2021) | Pedro Mezler, CEO Igah Ventures Capital (2021) | Renata Campos, CEO Takeda (2021) | Ricardo Fioramonte, CEO Tupi America do Norte (2021) | Rodrigo Testa, CEO Grupo Rascal (2021) | Ruy Shiozawa, CEO GPTW (2021) | Santiago Franco, CEO Cibra Fertilizantes (2021).

ESPECIALISTAS EM CULTURAS

Betania Tanure, contribuições sobre cultura de empresas brasileiras. | Carlos Alberto Almeida, contribuições sobre a relação entre cultura e branding. | Erika Linhares, diretora comercial, contribuições sobre a cultura TIM. | José Salibi, contribuições sobre a gestão do amanhã e cultura corporativa. | Lady Batista, contribuições sobre transformação de cultura. | Leonardo Queiroz, contribuições sobre a cultura Apple e Grupo Koton. | Marco Tulio Zanini, contribuições sobre os mitos & fatos da cultura corporativa. | Ricardo Guimarães, contribuições sobre a relação entre marca, identidade, estratégia, branding e cultura. | Roberto Franco, diretor de relações governamentais, contribuições sobre a cultura SBT. | Ronald Kapaz, contribuições sobre a relação entre cultura e branding. | Rosa Bernhoef, contribuições sobre a cultura Renner, Bradesco e Itaú. | Sergio

Ferreira, contribuições sobre a cultura Michelin, Nissan e FCA. | Tufi Duek, contribuições sobre a relação entre cultura e branding.

ESPECIALISTAS EM ESPIRITUALIDADE E RELIGIÕES

Ahmed Taha, pesquisa e contribuições da religião islâmica. | André Duek, pesquisa e contribuições da religião judaica. | Sheik Imran Mohamad Hanif, pesquisa e contribuições da religião islâmica.

ESPECIALISTAS EM GENTE & GESTÃO (RHS)

Alan Gianotti, percepções sobre as culturas: Vigor. | Andrea Krug, percepções sobre a cultura: Oi e TIM. | Carolina Calamari, percepções sobre a cultura Prosegur. | Cecília Santos, percepções sobre a cultura Ipiranga e TIM. | Cristina Oliveira, percepções sobre a cultura Cibra. | Daniel Spolaor, percepções sobre a cultura Ambev. | Debora Kede, percepções sobre a cultura Profarma e Estácio. | Henrique Matta, percepções sobre a cultura Ambev. | Jacqueline Carrijo, percepções sobre a cultura Light. | Joe Stallard, percepções sobre a cultura Sewell, (Dallas, TX) e Mercadona (Madri, Espanha). | Lady Batista, percepções sobre a cultura Hinode e Neoenergia. | Marcelo Rucker, percepções sobre a cultura Prosegur, Dasa e Ambev. | Marina Cairo, percepções sobre a cultura HSBC e Bradesco. | Otavio Wolmer, percepções e reflexões sobre as culturas iFood e Dotz. | Rafael Leite, percepções sobre a cultura Ambev. | Régia Barbosa, percepções sobre a cultura TIM e Neoenergia. | Rita Pellegrino, percepções sobre a cultura TOTVS e BRF. | Rodrigo Leite, percepções sobre a cultura 3 Corações. | Rogério Bragerolli, percepções sobre as culturas Syngenta, Phillips e Sodexo. | Rosane Marque, percepções sobre a cultura Oracle.

PESQUISADORES

Betty Vidigal, pesquisadora principal. | Eduardo Vilella, estudos e análises financeiras das empresas de capital aberto para o cálculo de lucro líquido por colaborador (LLC). | Michael Montgomery, informações técnicas e processos de IPO e M&A. | Peter Biondi, especialista em aviação, contribuições para os casos Boeing e Southwest Airlines. | Bruno Alvin, contribuições para o caso Kodak.

BOOK ADVISORS

Betty Vidigal. | Eduardo Vilella. | J.A Ruggeri. | Leonardo Pereira.

REVISORES

1ª revisão — Betty Vidigal. | 2ª revisão — Malvina Tomaz. | 3ª revisão — Adriana Costa. | 4ª revisão — Leonardo Pereira.

ILUSTRADOR

Laurant Cardon.

PREFÁCIO

Este livro me fez recordar minha trajetória no ramo da moda. Meu interesse por roupa e estilo começou na adolescência. Aos 13 anos comprei um corte de tecido, desenhei uma calça diferente e um alfaiate que morava em frente à minha casa produziu a peça. Assim que ficou pronta, usei-a no colégio; a reação da turma foi um sucesso e em poucos dias vendi algumas calças para meus amigos. Essa foi minha primeira venda e minha primeira criação, com ela ganhei um dinheirinho, elogios dos amigos e a convicção de que poderia fazer da moda minha vocação.

Comecei a fazer camisetas profissionalmente em 1975, em uma garagem perto da casa dos meus pais, na Mooca, em São Paulo. A marca que lancei foi a Triton, que, além de ser a origem da empresa, se tornaria um laboratório para as próximas marcas que eu ainda lançaria. Depois de um pequeno período trabalhando sozinho, meu irmão Isaac, que já era sócio desde o início, deixou o emprego que tinha como representante comercial na Pancostura e passou a me ajudar, e a empresa tomou outro rumo.

Em 1981, lançamos a marca Forum, e com ela vieram as lojas próprias. A primeira foi inaugurada no Shopping Morumbi em dezembro de 1984; tomamos o gosto pelo varejo e abrimos outras lojas nos anos seguintes. Em 1994, conheci o trabalho da Débora Zonzini e do João Cordeiro, que nos ajudavam com programas de desenvolvimento para nossos líderes e equipe de vendas. Desde então, não perdemos contato. Esse período foi maravilhoso para o varejo de moda como um todo, presenciamos o nascimento do São Paulo Fashion Week, a expansão dos shoppings centers pelo país e o *boom* das franquias.

Em 1998, passamos a chamar a empresa de TF, introduzimos a marca Tufi Duek em Nova York. A partir daí nossos produtos passariam a ser distribuídos nas principais lojas de departamentos de luxo nos Estados Unidos, como Neiman Marcus, Saks Fifth Avenue e Nordstrom. Incorporamos na empresa o que havia de melhor na época em termos de gestão de negócios, como o melhor sistema de frente de lojas, controle de qualidade, controle de estoque, auditoria externa e processos que tornaram a TF muito robusta em termos de coordenação e controle. Vendi a TF em 2008, com aproximadamente 59 lojas próprias, 98 franquias, 1.200 pontos de venda no Brasil, um lindo *showroom* no Soho em Nova York e 120 pontos de venda no exterior. Naquele período, a transação da TF foi considerada a maior operação de venda no setor de moda no país.

Encontro muita gente que trabalhou na TF. São ex-colaboradores, franqueados e fornecedores que fazem questão de me agradecer pelo período em que estivemos juntos. Espontaneamente, eles resgatam histórias e lembram de momentos especiais com tanta riqueza de detalhes que parece que aconteceram pouco tempo atrás. Agradecem por coisas que eu fiz para eles, das quais eu não me lembrava. Alguns até chegam a me perguntar, em tom de brincadeira, quando é que eu vou voltar para o negócio de moda. Interessante como as pessoas podem até esquecer o que você falou para elas, mas elas jamais esquecem como você as fez sentir. Esses encontros me fizeram perceber que eu não havia apenas erguido uma empresa de moda, mas havia construído uma cultura consolidada e saudável que embalava as pessoas com a marca.

Cultura era um tema absolutamente novo no final da década de 2000. Portanto, o que eu fiz em prol da construção da cultura da TF foi basicamente seguindo meus instintos. Por exemplo, todos os dias tínhamos um almoço na fábrica com meu irmão, nossos diretores e convidados. Era um momento bem informal, comida caseira deliciosa, feita pela dona Conceição. Nesse almoço falávamos um pouco de tudo, do negócio, de moda, da política e dos planos econômicos que cada governo criava. Esse encontro diário para almoçar tornou-se um costume que fortalecia nossa confiança em nós mesmos e aumentava nosso desejo de permanecer juntos. Era muito comum meu time de estilo e eu termos de trabalhar aos sábados na área de criação, principalmente em períodos que antecediam o lançamento das coleções. Perto da fábrica acontecia uma feira e, após algumas horas de trabalho, fazíamos um intervalo para comer pastel. Tanto na ida quanto na volta, eu estava sempre falando com eles sobre os detalhes da coleção e os cuidados que tínhamos de ter com a marca. Na época eu não sabia, mas tanto o almoço diário na fábrica quanto o ato de comer pastel na feira eram Ritos de Pertencimento, descritos neste livro no Capítulo 5.

Eu emprestei minha cara para a empresa, não por ego, mas porque sempre acreditei que todo negócio precisa ter o rosto do dono. Frequentemente estava presente nas mídias, falar com a imprensa era uma das minhas prioridades. Fazia questão de apresentar pessoalmente as coleções para os jornalistas, os franqueados e a equipe de vendas e multimarcas. Visitava as lojas aos finais de semana, queria ter certeza de como nossos clientes estavam sendo atendidos e muitas vezes me envolvia diretamente nas vendas. Hoje sabemos que a disponibilidade do dono, do CEO/presidência e da diretoria executiva para estar a frente do negócio é fundamental para a construção da cultura, postura que está muito bem definida neste livro como a Voz do Dono.

Nossos gerentes de loja, bem como os supervisores e a liderança, eram treinados com o que havia de melhor naquela época. Sem perceber estávamos estruturando nossa Fábrica de Líderes — um dos elementos de uma cultura consolidada, mencionada no Capítulo 7.

Visitávamos outros varejistas de moda no Brasil, nos Estados Unidos, na Europa e no Japão; dessa maneira, conseguíamos antever tendências de moda e de operação de varejo antes que chegassem ao mercado brasileiro. Era inadmissível sermos pegos de surpresa pela concorrência, essa postura saudável de fazer benchmarking constantemente é uma prática de construção de cultura, que está retratada no Capítulo 8.

De certa maneira, já fazíamos branding do nosso jeito. Instintivamente acreditávamos que marca e pessoas estavam absolutamente interligadas porque elas são a extensão viva do conceito. Os cuidados com os detalhes eram sagrados, a qualidade dos tecidos, o tipo do zíper, o detalhe da costura dupla, o detalhe da alça da sacola, o jeans embalado por um lindo papel de seda, o perfil da equipe de vendas e a exposição das roupas nas vitrines. Esses detalhes eram inegociáveis e mais de uma vez rompemos contrato com franqueados que, apesar de terem uma boa operação, deixavam a desejar no cuidado com nossa marca. Descuido, desleixo, pouco caso com a marca eram considerados pecado mortal, tema muito bem explorado no Capítulo 6, no qual os autores fazem uma bela e respeitosa comparação entre cultura corporativa e religiões monoteístas.

Tudo o que fizemos em relação à gestão do negócio foi intencional, mas, em relação ao branding e à cultura, o que foi feito foi mais intuitivo. Mas você não precisa depender da intuição para consolidar sua cultura, pois está em suas mãos um verdadeiro manual de como transformar uma cultura convencional em consolidada e saudável. Se eu tivesse um livro como este na época, teria construído uma cultura sólida em bem menos tempo, em muito menos tempo.

Tufi Duek,
Empresário, investidor e fundador das
marcas Triton, Forum e Tufi Duek

APRESENTAÇÃO

Ao longo dos últimos 28 anos, o Great Place to Work® acompanha, todos os anos, mais de 10 mil empresas de todos os portes e segmentos. Nossas pesquisas e análises aprofundadas de suas práticas de gestão já atingem mais de noventa países. Tenho tido a oportunidade de estar à frente das ações aqui no Brasil e conhecer a realidade de tantas empresas desde 2008. Além disso, tenho a oportunidade de me relacionar diretamente com centenas de conselheiros, presidentes, CEOs e o *C-Level* em geral. Considero-me muito privilegiado pois cada conversa dessas representa um enorme aprendizado.

Temos duas conclusões que são fortemente consistentes no mundo todo. Primeiro, as melhores empresas para trabalhar geram melhores resultados de negócio. Segundo, o principal fator que influencia uma empresa a se tornar um *great place to work* é a efetividade da liderança; o líder FOR ALL é aquele que coloca as pessoas no centro de sua gestão, gerando resultados de negócio bastante acima da média e impactando positivamente a sociedade. Isso significa que estamos falando de um líder super-herói? Pelo contrário, pode ser mais simples do que parece. O segredo passa por dar às pessoas, no mínimo, a mesma importância, prioridade e tempo que se dá às finanças da empresa, à satisfação do cliente ou aos processos e à tecnologia.

Analisando a gestão no Brasil e considerando cada pesquisa que realizamos uma pequena peça de um grande quebra-cabeça, podemos dizer que a imagem que montamos até hoje nos permite visualizar o perfil do gestor brasileiro. Podemos afirmar que ele vem evoluindo, e muito. Por razões próprias, por diferentes caminhos, noto que o gestor brasileiro está buscando algo mais do que somente fazer uma carreira. Cada vez mais ele procura deixar um legado, fazendo com que sua passagem traga significado para a vida das pessoas e torne sua empresa melhor, em um mundo mais justo. Em outras palavras, temos presenciado casos de empresas, nacionais ou não, atuando aqui no país, que são exemplos mundiais em termos de resultados, engajamento de equipes, inovação, diversidade e inclusão. Casos que merecem ser estudados nas escolas de negócios no mundo todo.

Várias dessas empresas são mencionadas neste livro, bem como o que elas fazem para serem consideradas referência no mundo dos negócios. A cultura e os elementos que gravitam em torno dela — como o ambiente de confiança, a comunicação aberta e transparente de seus líderes e seus estilos de gestão — estão se comprovando como elementos que impactam o resultado de qualquer negócio. Todo gestor que deseje aprender mais sobre o tema ou que queira ser protagonista no processo de transformação de sua empresa precisa estar atualizado. Este livro vai dar uma grande contribuição para isso.

Ruy Shiozawa, CEO do Great Place to Work® Brasil

O BRASIL NÃO É O VALE DO SILÍCIO

Em nossa atuação como consultores, desde 1985, tivemos a riquíssima oportunidade de percorrer o Brasil de norte a sul e assistir ao nascimento de grandes empresas, assim como, infelizmente, ver algumas outras se fechando. Formamos assim nossa definição de cultura, tão brasileira quanto o relógio de pulso, o soro antiofídico, a urna eletrônica, o identificador de chamadas Bina e as sandálias Havaianas. Para as empresas brasileiras, o Vale do Silício pode servir como um polo a ser visitado e estudado, mas não necessariamente como modelo de negócios a ser copiado, principalmente em termos de cultura corporativa.

Neste livro, citamos autores que nos inspiraram a estudar esse assunto, mas nossos verdadeiros professores foram empresários brasileiros: homens e mulheres de empresas pequenas, médias e de grande porte que, com seus acertos e seus erros, nos ensinaram o que é cultura, o que a cultura não é e como ela deveria ser.

João Cordeiro & Débora Zonzini

CAPÍTULO 1

PONTO DE PARTIDA

"Enquanto a estratégia vem com a farinha,
a cultura já está com o mingau."

A CULTURA COME A ESTRATÉGIA NO CAFÉ DA MANHÃ

É cada vez mais comum uma frase famosa ser atribuída a uma celebridade que na realidade não foi o autor original do pensamento. É o caso da epígrafe que usamos na abertura deste capítulo, que tem sido erroneamente atribuída a Peter Drucker. A frase "a cultura come a estratégia no café da manhã" se tornou um jargão muito usado na alta gestão, principalmente na América do Norte. Mas, para entendermos a amplitude do significado, a frase precisa ser analisada com a perspectiva da cultura anglo-saxônica, cujo hábito alimentar prioriza o café da manhã como a refeição mais importante do dia. O mesmo não ocorre na cultura brasileira, em que é comum uma pessoa apenas tomar um cafezinho e já sair para o trabalho. Então, fazendo a tradução para nosso contexto, no estilo que lembra a famosa frase da TV nas décadas de 1960 a 1990 — "versão brasileira: Herbert Richers" —, a frase adaptada seria mais ou menos assim: "Enquanto a estratégia vem com a farinha, a cultura já está com o mingau."

Independentemente de qual das frases faz mais sentido para você ou de quem tenha sido o autor, o mais importante é a provocação que ambas trazem. A provocação de nos fazer refletir sobre quanto a cultura tem relação com a estratégia.

Para nós, não há relação hierárquica entre cultura e estratégia, nem a ideia de que uma seja mais importante ou maior que a outra. Nós entendemos que cultura e estratégia são conceitos interdependentes. Uma precisa da outra. Alinhadas, elas se fortalecem. Desalinhadas, se desestabilizam. Se a estratégia determina o caminho, a cultura apoia. A estratégia detalha o que é preciso ser feito para a empresa atingir o sonho ou a visão. A cultura agrega comportamentos e atitudes necessários para uma empresa atingir o mesmo sonho ou a visão. Estratégia e cultura se comportam como irmãs gêmeas cujo relacionamento é simbiótico. Separá-las ou colocar uma em conflito com a outra causa trauma e perda de identidade. O pai de uma também deve cuidar da outra. O responsável por desenhar a estratégia também deve se comprometer a consolidar a cultura por toda a empresa. Portanto, se a alta gestão define a estratégia, a cultura jamais poderia ser delegada para executivos que não fazem parte do *C-Level* ou que não tenham força política na alta gestão.

ORIGEM DA PALAVRA "CULTURA"

A palavra "cultura" é de origem francesa e surgiu no século XIV com o termo *couture*. O termo se referia à cultura de alimentos, à lavoura e ao cultivo de animais. Estava relacionado ao processo de cuidar de algo que necessitava de atenção, cuidado, capricho e paciência para respeitar o tempo até a colheita. De acordo com Raymond Williams,[1] a partir do século XVI, na Inglaterra, a

---

[1] Raymond Willians é autor do livro *Keywords: a vocabulary of culture and society*.

palavra *culture* aparece em textos ingleses com o sentido de desenvolvimento humano. Ele cita alguns filósofos que incluíram a palavra "cultura" nos textos. Vejam esses exemplos: Francis Bacon: "a cultura e o cultivo das mentes" (1605); Thomas Hobbes: "uma cultura de suas mentes" (1651); Samuel Johnson: "ela negligenciou a cultura de seu discernimento" (1759). Contudo, o termo "cultura" era até então usado somente no singular, fazendo referência a um único indivíduo. No século XVIII, autores alemães passaram a ampliar o sentido da palavra "cultura", *kultur,* para um conceito coletivo, como contexto de civilização. Johann G. Herder: "a própria ideia de uma cultura europeia superior é um insulto à natureza" (1774). No mundo corporativo, o termo "cultura" passa a ser publicado pela primeira vez na década de 1960, com o trabalho do psicólogo Edgar Schein, em seu livro *Organizational Psychology*: "[...] um novo membro de uma organização necessita não apenas aprender as habilidades para a função, mas também ter uma compreensão da missão da organização, suas formas de fazer as coisas, seu clima ou cultura [...]."[2]

EDGAR SCHEIN, SEMPRE É BOM LEMBRAR DELE

Considerando que, para a administração, o grande divisor de águas foi o trabalho de Peter Drucker, para a cultura organizacional o ícone é Edgar Schein. Formado em Harvard, professor do MIT, com forte influência da Antropologia, Schein trouxe luz para o tema "cultura organizacional", que desde o início é obscuro. As definições, os conceitos, as estruturas e os modelos desenvolvidos por ele influenciaram acadêmicos e executivos, ajudando a entender melhor como o indivíduo se comporta no coletivo. Seguem algumas de suas contribuições:

1. **Seu modelo de cultura**

    Edgar Schein criou uma forma de representar a cultura, composta de cinco elementos:

---

[2] SCHEIN, Edgar. *Organizational Psychology*. Nova York: Pearson, 1965. p. 15.

2. **Sua definição de cultura**

   "Um padrão de premissas básicas — inventadas, descobertas ou desenvolvidas por determinado grupo à medida que ele aprendeu a lidar com seus problemas de adaptação externa e integração interna — que funcionou suficientemente bem para ser considerado válido e, portanto, ser ensinado aos novos membros como a forma correta de perceber, pensar e sentir com relação a esses problemas."[3]

3. **Sua percepção sobre o papel da liderança na cultura**

   "A única coisa de real importância que os líderes fazem é criar e gerenciar a cultura. Se você não gerencia a cultura, ela o gerencia, e você pode nem estar ciente da extensão em que isso está acontecendo."[4]

---

[3] SCHEIN, Edgar. *Organizational Culture and Leadership*. São Francisco: Jossey-Bass, 1985. p. 6. Texto original: *"A pattern of basic assumptions — invented, discovered, or developed by a given group as it learns to cope with its problems of external adaptation and internal integration — that has worked well enough to be considered valid and, therefore, to be taught to new members as the correct way to perceive, think, and feel in relation to those problems."*

[4] SCHEIN, Edgar. *Organizational Culture and Leadership*. São Francisco: Jossey-Bass, 1992. p. 20. Texto original: *"The only thing of real importance that leaders do is to create and manage culture. If you do not manage culture, it manages you, and you may not even be aware of the extent to which this is happening."*

4. **Como ele acreditava que a cultura deveria ser estudada**

"Há estruturas profundas e essas estruturas não podem ser desvendadas ou compreendidas sem observação intensiva e extensiva, complementada por dados de entrevistas fornecidos por *insiders* culturais (informantes)."[5]

NOSSA PERCEPÇÃO DO QUE É CULTURA

Se você estiver esperando uma definição de cultura em uma única frase, talvez se desaponte. Empresas são compostas de humanos e o ser humano, por natureza, é bem complicado. Nem sempre é fácil compreender as decisões das pessoas, porque com suas escolhas vêm emoções, sentimentos, atitudes e comportamentos. Portanto, cultura corporativa é um conceito complexo e, de longe, é o tema mais subjetivo da administração (*management*). Quem quiser se aprofundar em cultura vai precisar ter um pouco mais de paciência do que com os demais conceitos de gestão.

Olhamos a cultura corporativa através de duas lentes. A primeira observa a dimensão do pensamento: **cultura é o modelo mental (jeito de pensar) consciente e inconsciente de um grupo de pessoas**. A segunda observa a dimensão das emoções, dos sentimentos, das atitudes e dos comportamentos: **cultura é como o grupo se comunica, age e reage coletivamente**. Juntando essas duas percepções, dizemos que **cultura é o modelo mental de como um grupo de pessoas pensa e age**.

Cultura saudável tem dependência enorme de bons líderes, quase tanto quanto uma planta precisa de água ou de sol. A cultura necessita de nutrientes vindos de histórias de sucesso contadas por líderes entusiasmados. Precisa de líderes que falem com paixão sobre a empresa e que mantenham o grupo alinhado em prol da estratégia. A cultura pode se tornar muito inadequada e até doentia quando é aceita sem nenhum questionamento, quando

---

[5] SCHEIN, Edgar. What is culture? *In*: FROST, Peter *et al.* (ed.). *Reframing Organizational Culture*. Thousands Oaks: Sage, 1991. p. 244. Texto original: *"There are deeper structures and those structures cannot be unraveled or understood without intensive and extensive observation supplemented by interview data from cultural insiders."*

é mal desenhada, malconduzida pelos líderes intermediários que, consciente ou inconscientemente, a colocam em choque com a estratégia. Nessa situação, além de não contribuir para o crescimento da empresa, a cultura pode se tornar um passivo, causando sérios danos para o negócio (Capítulo 4). A cultura não é estática e não permanece em um estágio único, ela tem níveis diferentes de amadurecimento (Capítulo 5). A cultura tem relação direta com o desejo de pertencer de um grupo e possui elementos semelhantes ao de uma religião (Capítulo 6). Ela pode ser muito saudável, quando está bem desenhada e quando os líderes a colocam em harmonia com a estratégia. Nessa situação, ela torna-se um ativo intangível ou *asset*[6] permanente, gerando resultados consistentes e agregando valor aos acionistas, aos colaboradores e à sociedade (Capítulo 9). A cultura não é autossuficiente; assim como uma árvore delicada, ela necessita permanentemente de cuidado, irrigação e proteção contra parasitas. Algo que só a alta gestão pode prover (Capítulo 11).

NOSSO MODELO

Adotamos a árvore como nosso modelo de representação de cultura, por essa figura ter relação direta com a origem da palavra — cultivo, cuidado e paciência com o tempo necessário para dar frutos. No modelo da árvore conseguimos inserir os principais elementos que entendemos como fundamentais para trazer clareza à cultura. Também faz parte do nosso modelo a presença dos três personagens. Esse número — três — não foi escolhido aleatoriamente, é resultado de pesquisa e observação em áreas que lidam com o ser humano no coletivo, como a religião (Bíblia),[7] a legislação (Código Penal),[8] a antropologia e a sociologia, as quais entendem que um grupo de pessoas se forma a partir de três componentes. O modelo da árvore aqui está representado de maneira básica, mas há uma versão com todos os elementos bem detalhados que foi explorada no Capítulo 7.

---

[6] *Asset:* bens, ativos tangíveis (máquinas, estoque, imóveis etc.) ou ativos intangíveis (marcas, patentes, licenças etc.).

[7] Bíblia: "Porque, onde estiverem dois ou três reunidos em meu nome, eu estarei presente" (Mt 18: 20).

[8] Código Penal, art. 288: "formação de quadrilha é associarem-se de três ou mais em quadrilha ou bando para [...]".

ESTRATÉGIA E CULTURA — COMO ESSES CONCEITOS SE RELACIONAM

Considerando que a estratégia determina o **caminho**, a cultura mostra o **como**. Quando esses dois elementos estão em harmonia e direcionados a um mesmo objetivo, eles geram sinergia e produzem grandes resultados. Mas quando estão desalinhados, confundem as pessoas e geram estresse. Esse conceito vai ficar mais claro com o exemplo a seguir, cujos nomes das empresas foram omitidos por respeito e privacidade.

É o caso de uma multinacional com operações de varejo no Brasil, cujos controladores são europeus. Pelo oitavo ano consecutivo, a meta de faturamento da empresa não foi atingida. Mesmo assim, a operação brasileira pagou bônus ao CEO, aos executivos do *C-Level* e seus subordinados diretos. Nesse caso, estratégia e cultura estavam desalinhadas. A estratégia provavelmente estava a serviço dos controladores e a cultura claramente estava a serviço da operação local. Esse desalinhamento não gerou resultados consistentes e fez com que uma das partes, no caso os donos do negócio, pagasse um preço maior. Essa postura recorrente de pagar bônus para quem não bate a meta passa uma mensagem inconsciente de que não é preciso entregar resultados, basta se esforçar e será recompensado. Após anos perdendo dinheiro, os controladores europeus decidiram vender a operação no Brasil no final de 2019.

CINCO MANEIRAS DE A CULTURA APOIAR A ESTRATÉGIA

1. **Direcionando a fazer o que é certo:** a cultura deveria embalar o grupo com um pensamento ético, educando todos a performar cada vez melhor, sem jamais deixar de fazer o que é certo. Fazer o certo para a empresa, para os colaboradores e para a sociedade não é difícil e não conflita com resultados. Mas em algumas empresas a pressão pelo resultado financeiro é tão forte que a cultura escrita é uma coisa e o que é cobrado na prática é outra: a questão é atingir a meta a qualquer custo! Nesse ambiente, é fácil um gestor sem uma estrutura moral forte, incentivado por um sistema mal desenhado e agressivo de bônus, pegar atalhos morais. Essa conta quem paga é o cliente, os colaboradores e a sociedade.

2. **Fortalecendo o senso de pertencimento:** a cultura deve ser única. Independentemente da quantidade de unidades de negócio do grupo, do número de operações e dos sites espalhados pelo país, a cultura deveria ser coesa. Mas algumas empresas permitem que lideranças de unidades operacionais operem de forma independente do corporativo, com estilos de gestão próprios, formando subculturas. O senso de pertencimento é fragilizado com a presença de subculturas e, consequentemente, a sinergia em prol da estratégia fica comprometida.

3. **Criando um ambiente & clima saudável:** a cultura deve criar um ambiente e um clima de tal maneira que neles floresçam crenças saudáveis para o negócio, como a autonomia, a ambição saudável, a franqueza, o pensamento de dono, a transparência e outros. Mas algumas empresas são coniventes com o estilo de liderança baseado no microgerenciamento. Esse estilo tem como premissa o ego, o poder, o controle em excesso, a desconfiança e a dependência de o superior dar a última palavra em tudo. Esse estilo de gestão que nos dias de hoje se tornou opressivo aflora sentimentos antagônicos que vão inibir a autoestima, a autoconfiança, a autonomia, a interdependência e a vontade de pensar e agir como dono.

4. **Colocando a empresa em movimento e aprendizagem constantes:** movimento gera movimento e a cultura deve provocar esse ciclo de forma constante, com dinâmica e velocidade determinadas pela estratégia e pelo contexto do

negócio. A cultura deveria estar sempre instigando o grupo para se tornarem pessoas cada vez melhores. Mas o que ocorre é que em algumas empresas a liderança não toca no assunto cultura, não conduz rituais de pertencimento e seus feedbacks são desassociados aos valores e aos princípios da empresa. A cultura inativa coloca as pessoas em estágio de dormência, aguardando um comando para despertar. Pessoas em compasso de espera respondem de maneira lenta. Nessa situação, a empresa, em vez de se antecipar ao mercado, apenas reage. Em vez de inovar, copia. Em vez de ditar tendência, segue a manada. A cultura estagnada compromete a estratégia.

5. **Criando um ambiente de inovação:** a cultura deve criar as condições ideais para que a colaboração espontânea entre as áreas e a vontade de transformar processos e hábitos possa ocorrer da maneira mais ágil possível. Sem colaboração genuína, iniciativas como a transformação digital, que é essencial para a sobrevivência das empresas, dificilmente ocorrerão. Mas há empresas que permitem e outras que até incentivam que seus líderes trabalhem em um ambiente de rivalidade. Em alguns desses ambientes, a disputa é tão forte que chega ao ponto de a competição externa, com o mercado, ser menos interessante que a competição interna. Onde há competição interna não há sinergia para atingir as metas coletivas vinculadas com a estratégia.

A CULTURA DEVERIA ESTAR A SERVIÇO DE QUEM?

No passado, as culturas corporativas eram extensões do perfil do fundador, forjadas basicamente em torno da pessoa e do seu carisma. A cultura era resumida em um texto curto, com poucos valores que traduziam quais comportamentos do fundador seriam mantidos e replicados. O foco da cultura era gerar resultados no curto prazo e preservar a sobrevivência do negócio com base no excessivo controle das despesas e das pessoas. De maneira geral, as culturas não eram planejadas intencionalmente para acompanhar as mudanças que a sociedade passaria a ter. Se tivessem sido planejadas dessa forma, quem sabe muitos dos gigantes corporativos da década de 1970, 1980 e 1990 não teriam deixado de existir. Até hoje percebemos empresas cujas culturas estão desenhadas para o curto prazo, para atender apenas ou isoladamente às necessidades dos donos do negócio, dos clientes ou dos colaboradores.

Colocar a cultura a serviço de um desses três senhores não garante mais a perpetuidade do negócio, porque a sociedade hoje muda de maneira muito dinâmica. Se no passado a **austeridade** era um dos pilares que contribuiu para uma empresa familiar se tornar bem-sucedida, hoje esse valor não necessariamente ajuda, pelo contrário, atrapalha. A austeridade não fará sentido para a nova geração, que sabe da dimensão do patrimônio que sua família tem. A austeridade fará sentido somente para os colaboradores que assistem ao crescimento da empresa e não percebem o retorno disso para a sociedade. A austeridade vai manter a empresa sob um forte controle financeiro em detrimento de investimentos em inovação, marketing, tecnologia e, principalmente, pessoas. Talvez a austeridade deva ser atualizada para **simplicidade**; dessa forma, a nova geração faria as evoluções necessárias, com os pés no chão, como seus pais ou avós gostariam que fosse feito.

No entanto, não basta mais acompanhar as mudanças da sociedade, porque isso seus concorrentes também farão. É necessário ir além, antecipar as expectativas das pessoas e fazer antes dos outros as mudanças progressivas na cultura. A humanidade vem mudando muito. Ricardo Guimarães[9] fez a seguinte provocação em um dos seus vídeos: "há algumas décadas, o ambiente de trabalho era simples, controlado, previsível, lento e estável. E hoje o ambiente é complexo, fora do controle, imprevisível, rápido, instável e cada vez mais remoto." Um grande exemplo de antecipação das mudanças na sociedade veio de uma das instituições mais antigas do mundo, o Vaticano. Em 2013, o Papa Francisco foi eleito no segundo dia do conclave. O Vaticano sabia que enfrentaria questões polêmicas e difíceis pelas próximas décadas, como a corrupção no Banco Vaticano, os casos de pedofilia entre seus clérigos, o casamento entre pessoas do mesmo sexo, o aborto e outras mudanças estruturais no pensamento católico. Seu antecessor, o Papa Bento XVI, não teria condições de ser o protagonista de mudanças que abalariam os pilares dessa instituição. O Vaticano precisava de um "CEO" diferente e que, além dos desafios citados, pudesse evangelizar mais pessoas.

Fazer gestão da perpetuidade de uma instituição ou empresa não é fácil, implica renúncias de crenças antigas. Uma cultura atenta às futuras mudanças da sociedade pode ajudar muito.

---

[9] Ricardo Guimarães é publicitário, pensador, empresário e fundador da Thymus, uma das agências de branding mais conceituadas do país.

CAPÍTULO 2

MITOS & FATOS

"Se você não influenciar a cultura,
ela influenciará você — e pode ser que você nem perceba."
Edgar Schein

Tivemos a oportunidade de estar com Edgar Schein em duas situações, em São Paulo e em Cape Cod. Foram momentos enriquecedores. Em ambas as ocasiões, ele repetiu a frase anterior, que, em nossa percepção, merece profundo estudo por parte daqueles que procuram compreender a relação entre a cultura e os resultados operacionais ou financeiros de qualquer empresa. A primeira parte da frase, "Se você não influenciar a cultura, ela influenciará você", diz que o processo de influência na cultura é dinâmico, permanentemente ativo, sempre em movimento e independe da liderança formal. A segunda parte, "— e pode ser que você nem perceba", deixa claro que ou os controladores influenciam intencionalmente seus colaboradores, ou outra pessoa conduzirá esse processo, e a alta gestão nem vai perceber.

Quando se trata de pessoas trabalhando juntas, o processo de influência está sempre presente e ativo: não existe zero influência ou influência neutra. Mas será que todo gestor tem consciência de que, se ele não influenciar o grupo, os outros o farão? Acreditar que não é necessário influenciar permanentemente o grupo é apenas um dos mitos sobre cultura, mas tem outros.

Separamos onze mitos e fatos sobre cultura que podem ser transformados em uma ótima conversa entre seus pares.

A CULTURA NÃO TEM RELAÇÃO DIRETA COM O RESULTADO FINANCEIRO — **MITO!**

Nem todos os executivos são assim, mas muitos que passam a fazer parte do *C-Level* tendem a valorizar mais as demonstrações exatas em planilhas que ideias e conceitos abstratos. Pressionados a entregar resultados, esses líderes organizam suas agendas em função de demandas concretas e aparentemente mais realistas, dedicando pouco tempo a compreender como as pessoas realmente tomam suas decisões.

Obcecados pelo Excel, alguns se tornam céticos quanto a sentimentos e pensamentos coletivos, não conseguindo ver que sentimentos, crenças, percepções e convicções de um grupo impactam diretamente a segurança da operação, a qualidade do produto e dos serviços e, consequentemente, o EBITDA.

CULTURA É UMA SÓ! — **MITO!**

Há civilizações em diferentes estágios de amadurecimento e países mais evoluídos que outros. O mesmo ocorre com grupos de pessoas que trabalham juntos na mesma empresa e que podem estar em níveis distintos de evolução. Chamou-nos a atenção uma empresa do setor elétrico, na qual encontramos um nível de consolidação de cultura bem mais elevado e amadurecido nas áreas operacionais do que na área corporativa, cujo nível acadêmico e salarial era superior aos seus colegas daquelas áreas. Enquanto na corporativa havia um clima de pessimismo, descrédito e muita reclamação, na operacional havia um sentimento bem oposto, de admiração, orgulho e um forte senso de pertencimento.

Como é possível uma única empresa ter climas e ambientes tão distintos? Simples, a cultura acaba sendo o reflexo da liderança.

NÃO EXISTE EMPRESA SEM CULTURA — **FATO!**

Dizer que determinada empresa não tem uma cultura é tão impreciso quanto dizer que alguém não tem personalidade ou afirmar que a torcida organizada de um time esportivo não tem paixão. Algumas culturas são mais fáceis de ler, outras mais difíceis, pois comportamentos e atitudes estão camuflados. Mas todo grupo de pessoas trabalhando juntos forma uma maneira de pensar coletivamente. Grupos de indivíduos que trabalham juntos em um setor passam a compartilhar depois de algum tempo, consciente e inconscientemente, pensamentos, opiniões e hábitos.

Isso é a cultura.

Ela pode estar encoberta por pequenos comportamentos, pequenas atitudes ou microexpressões faciais, mas, a partir de três pessoas, ela passa a existir.

A CULTURA TEM RELAÇÃO DIRETA COM HÁBITOS — **FATO!**

Cada novo colaborador contratado traz consigo um conjunto de hábitos incorporados ao longo de sua vida. Quer seja um operário de chão de fábrica, um vendedor, um analista, um gestor ou um alto executivo. Ninguém entra em uma empresa com a mente vazia de crenças e valores.

Parte deles foi incorporada ainda na infância, pela família e pela escola.

Outros foram assimilados mais tarde, por meio das instituições religiosas, culturais, esportivas ou militares. O processo de construção de valores e crenças individuais prossegue ao longo de toda a vida profissional.

Forçado pela pressão social em pertencer a um grupo, o novo colaborador vai "aceitar" novas formas de pensar. Com o tempo, passará a agir de forma semelhante ao grupo de sua área ou seu departamento, o que não significa necessariamente que essa forma de pensar e agir é exatamente a maneira que os controladores desejam.

O RESPONSÁVEL PELA CULTURA É O RH — **MITO!**

No passado, acreditava-se que a cultura era de responsabilidade exclusiva do RH. Mas esse pensamento já mudou. Atualmente, está cada vez mais claro que o principal responsável por disseminar e sustentar a cultura é, em primeiro lugar, a liderança formal seguida pela liderança informal. Um bom exemplo disso é a forma como uma das maiores empresas do mundo, a Amazon, decidiu escrever sua cultura como Princípios da Liderança, em um texto direcionado exclusivamente aos seus líderes. O RH tem um papel importantíssimo que atua principalmente como facilitador do processo, busca melhores práticas no mercado e zela pela comunicação da cultura, conduzindo pesquisas de clima, de engajamento e outras informações importantes para a gestão da cultura.

Mas os verdadeiros protagonistas da disseminação e sustentação da cultura são os líderes.

É POSSÍVEL COPIAR COM SUCESSO A CULTURA DE UMA EMPRESA PARA OUTRA — **FATO!**

Na maioria da literatura encontram-se fortes argumentos sobre como uma empresa jamais poderia copiar com sucesso a cultura de outra, mas na prática vimos muitas vezes o oposto disso. Trabalhamos para empresas que, por admiração ou pela necessidade de seguir um conjunto de processos, adotaram na íntegra a cultura de outra empresa, trouxeram executivos com domínio dos processos utilizados nessa outra empresa e obtiveram resultados muito positivos. Não estamos dizendo que esse seja o melhor caminho e que seja fácil, tampouco que seja o ideal, mas afirmamos que já vimos isso e é possível.

VISÃO, MISSÃO, VALORES, PRINCÍPIOS E PROPÓSITO NÃO SÃO CULTURA — **FATO!**

Visão, sonho, missão, valores e princípios são textos, formas de expressar como os donos ou controladores gostariam que os colaboradores agissem. São apenas palavras que, apesar de bem escritas, em algumas empresas permanecem no campo do desejo, não chegando a se transformarem em comportamentos e atitudes praticados.

Cultura é outra coisa. Cultura é o que está sendo vivenciado.

A CULTURA PRECISA DE SUSTENTAÇÃO — **FATO!**

A cultura não se sustenta sozinha, assim como uma árvore frutífera necessita de cuidados permanentes. Quando se planta uma árvore ainda em tamanho de arbusto, é necessário sustentá-la com uma pequena vareta enfiada na terra. Mesmo depois de crescida, a árvore continuará precisando de jardineiros e cuidados com a irrigação, a poda e a remoção de pragas. Com a cultura corporativa é exatamente o mesmo.

Ela precisará de líderes, de rituais e, principalmente, de remoção de parasitas que vão contaminá-la.

CULTURA E CLIMA SÃO A MESMA COISA — **MITO!**

São conceitos interligados, mas são muito diferentes. A cultura tem relação com o pensamento coletivo de um grupo de pessoas. O clima tem relação com o sentimento e o desejo de um ou mais indivíduos de pertencer a esse grupo. O simples anúncio de uma boa notícia, o pagamento de bônus mais generoso, uma boa festa de final de ano ou a inauguração de novas instalações podem elevar temporariamente o clima da empresa. Mas não se iluda, porque isso não necessariamente significa que a cultura estará melhor. O contrário também é verdadeiro, a demissão de algumas pessoas-chave na organização, a alteração de uma política de bônus de última hora, o anúncio de uma notícia não tão boa podem colocar o clima para baixo por algum tempo, mas isso não significa que a cultura ficou ruim. O clima é mais passageiro, enquanto a cultura, apesar de poder ser transformada, tende a ser mais definitiva.

Em empresas familiares fica bem mais fácil identificar e separar esses dois conceitos.

Existem famílias que, no trabalho, entram em conflito ao ponto de quase saírem nos tapas, mas no almoço do domingo na casa dos avós se dão tão bem que parece que não aconteceu nada durante a semana. Por outro lado, existem outras famílias em que não há a menor chance de terem algum tipo de convivência familiar, mas no trabalho focam o resultado e se alinham muito bem.

CULTURA É PARA GRANDES CORPORAÇÕES — **MITO!**

Quando descrevemos, no Capítulo 1, nosso modelo de cultura por meio de uma árvore, contextualizamos que a cultura começa a ser formada com três ou mais pessoas. A partir desse número, uma liderança formal ou informal pode influenciar o pensamento dos demais para o bem ou para o mal. Quanto menor o grupo de pessoas, maior a chance de o gestor principal do negócio menosprezar a necessidade de implantar rituais de comunicação ou fazer a profilaxia de comportamentos inadequados, com isso ele deixa lacunas em sua liderança para outro ocupar. Aquele que conseguir direcionar o pensamento — e, principalmente, o sentimento — dos demais ocupa esse espaço e recebe os benefícios dessa liderança. Sua opinião passa a ser solicitada, sua palavra torna-se a última, seu ego é enaltecido. Esse processo, que é cíclico, se autoalimenta *ad infinitum*, porque o ego não tem limites. Nessa situação, o gestor principal, independentemente do tamanho, corre sérios riscos de ver sua influência ir diminuindo e, como consequência, perder o controle sobre o grupo. O gestor de um pequeno grupo deve observar a forma como seu time reage às suas solicitações e, principalmente, ficar atento à presença de "caras e bocas", que são atitudes que refletem o que o grupo realmente pensa.

O CEO É O RESPONSÁVEL PELA CULTURA E O CONSELHO NÃO PRECISA SE ENVOLVER — **MITO!**

Este é um dos principais erros dos conselheiros em relação à cultura: acreditar que o CEO é um super-herói e que ele ou ela não precisa de ajuda para alinhar a cultura com a estratégia. É óbvio que, quando o conselho prioriza somente planilhas, indicadores e oportunidades de novos negócios, os resultados surgem. Isso qualquer um sabe. Mas a que custo? Quanto atrito e desgastes desnecessários poderiam ser evitados se houvesse um perfeito alinhamento entre estratégia e cultura.

O CEO não pedirá ajuda ao conselho.

É o conselho que deve colocar na pauta das reuniões, de tempos em tempos, a rotina de fazer com que seus membros respondam à seguinte pergunta: de qual maneira nós, conselheiros, podemos contribuir para consolidar a cultura dessa empresa? Ou de qual forma podemos ajudar o CEO a alinhar a cultura com a estratégia definida?

CAPÍTULO 3

SINTOMAS E SINAIS DE UMA CULTURA DOENTIA

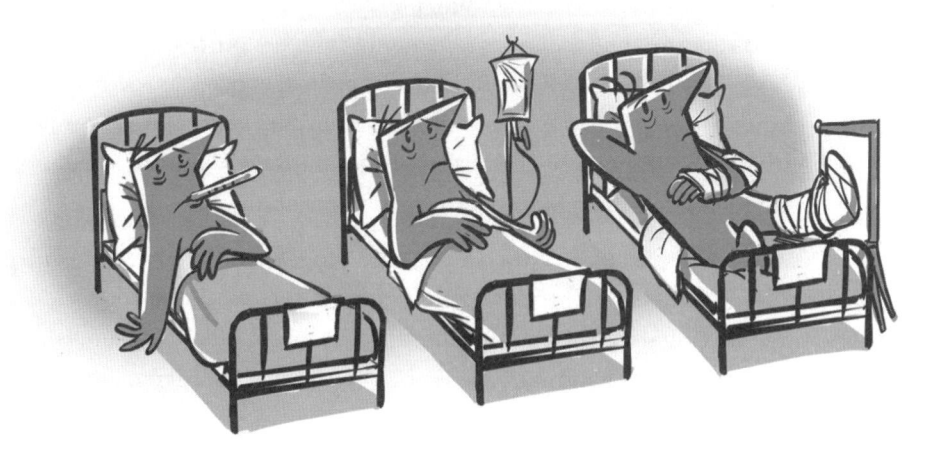

> "Os clientes nunca amarão uma empresa
> até que os funcionários a amem primeiro."
> Simon Sinek

Antes de nos aprofundarmos nos **sintomas** e **sinais** de uma cultura doentia, é necessário contextualizar o conceito de **sistema**. Entendemos que sistema é um conjunto de elementos interdependentes, que trabalha em um ambiente fechado e gera um resultado específico. O conceito de sistema é amplo; nos interessa muito a analogia que pode ser feita entre um corpo humano, uma família e uma empresa. Todos são sistemas **vivos** e altamente dependentes de cada um de seus componentes. O mau funcionamento de apenas um dos componentes do sistema, por menor que seja, compromete o resultado final ou, em alguns casos, pode colocar todo o sistema em colapso. A relação do conceito de sistema com a cultura é que nenhum sintoma ou sinal, por menor que seja, pode ser menosprezado.

Sintomas ou sinais são avisos de que algo não funciona bem dentro de um sistema. Contudo, sintomas e sinais são conceitos diferentes. Usando o corpo humano como referência, sintomas são características **percebidas por nós mesmos**, como: cansaço, dores, febre alta, perda de noção de equilíbrio, de apetite, dificuldade para dormir e outros. Sinal é diferente, é aquilo que é **percebido por outra pessoa** — um parente, um amigo ou um especialista —, como: mau hálito, pressão ocular alta, palidez, pressão sanguínea, chiado no peito, olhos avermelhados, lábios levemente caídos e outros. Associamos ambos os conceitos a más notícias, por isso, boa parte das pessoas inconscientemente evita prestar atenção aos próprios sintomas ou escutar os alertas em forma de sinais. Quem pensa e age dessa forma retarda o diagnóstico de um problema pequeno hoje, mas que se tornará maior amanhã.

Com a empresa e sua cultura ocorre o mesmo. Os sintomas de uma cultura doentia são aqueles percebidos pelos próprios líderes, como rotatividade, acidentes no trabalho, retrabalho, liderança despreparada, problemas de comunicação, desvios de conduta, assédio moral e outros. Enquanto sinais de uma cultura doentia são aqueles percebidos por pessoas de fora da empresa, como prestadores de serviços, advogados, auditores, consultores e fornecedores. Esses facilmente poderão ler alguns sinais da cultura que a própria empresa não percebe, como: o tempo de espera no cadastramento, a dificuldade para estacionar, o tempo de espera para receber um orçamento, as condições dos banheiros, o nível de cordialidade, a intensidade das desculpas dadas, a lentidão para a entrega de alguns documentos, entre outros.

A expressão "cultura doentia" poderia ser substituída por *cultura ineficiente, cultura inadequada* ou *cultura disfuncional*. Mas nenhum desses substitutos desencadeia a reação de urgência necessária para os gestores se moverem em busca de uma solução. Quando os problemas não são tratados com urgência e com o enfrentamento necessário, eles podem se tornar recorrentes e, consequentemente, desconfigurar a cultura. Portanto, uma das maneiras mais adequadas de diagnosticá-la é buscar os problemas recorrentes a partir de dois olhares: um interno, que identifica os sintomas, e outro externo, que escuta os sinais.

Imagine que uma empresa tenha alto índice de acidentes de trabalho com afastamento. Para dar um basta nessa situação, a alta gestão resolve combater esse problema com um forte investimento financeiro. Então, adquire EPIs, contrata mais técnicos de segurança, ordena que placas com frases inspiradoras de alerta de acidentes sejam instaladas e determina que toda a operação participe dos treinamentos de segurança. Sem dúvida essas iniciativas são boas, mas estão longe de atingir a causa raiz. A alta gestão consegue perfeitamente ver os sintomas dos acidentes com afastamento, mas não consegue ler os sinais que estão em volta. Se a empresa tem histórico de acidentes, é porque o problema é recorrente. Se é recorrente, a causa raiz está na cultura da empresa. Se a causa está na cultura, é porque a alta gestão faz parte do problema de várias formas. Ela pode estar emitindo sinais diretos ou indiretos que confundem os colaboradores. Ao longo do ano ela pode estar gastando mais tempo e energia com cobranças de metas da produção, controle do orçamento base zero (OBZ) e monitoramento dos indicadores financeiros, em vez de falar e dar exemplo de quão inegociável é a vida.

Esse tipo de problema está em torno da liderança. Em mais de três décadas observando e classificando ambientes corporativos, identificamos dezoito características doentias. Demorou um tempo para entendermos que **todos** os sintomas ou sinais que encontrávamos tinham relação direta com a qualidade da liderança. Por liderança, estamos nos referindo a todo cargo ou função que tenha gestão de pessoas.

Segue-se aqui uma lista resumida de sintomas e sinais que podem ajudar você a ter um repertório mais amplo e um olhar mais crítico em relação à cultura de sua empresa.

LÍDERES AGEM COM DESCASO COM OS ATIVOS DA EMPRESA

Três sócios de uma grande transportadora com sede em Curitiba, cujas operações estão concentradas no Centro-Sul do país, decidiram alugar uma garagem extra para os caminhões da filial de Santa Catarina. Além de funcionar como um estacionamento de caminhões, essa garagem seria usada para lavagem e manutenção dos caminhões, aliviando o fluxo na garagem principal. Quinze meses depois, um dos sócios foi visitar todas as instalações. Para sua surpresa e desapontamento, verificou que a tal garagem de Santa Catarina nunca tinha sido posta em uso, apesar de a empresa estar pagando o aluguel durante todo aquele tempo. Exasperado, começou a questionar seus executivos sobre isso.

O supervisor da filial disse que não tinha autonomia para retirar os caminhões de uma garagem e colocar na outra e estava aguardando o gerente de frota, seu superior, autorizar a ativação da garagem extra.

O gerente de frota disse que, até onde acompanhou o processo, ainda não havia alvará de funcionamento do Corpo de Bombeiros, porque nessa nova garagem haveria um tanque de 10 mil litros de óleo diesel. Disse também que o diretor de operações não o chamara mais para falar sobre esse assunto.

O diretor de operações justificou para o sócio que o gerente de frota estava copiado em todos os e-mails sobre a garagem extra e que ele, gerente de frotas, podia dizer qualquer coisa, menos que não sabia que o Corpo de Bombeiros já tinha dado o alvará liberando o funcionamento.

A ausência de pensamento de dono produz sempre uma história sem heróis; só há vilão e vítima. Nesse caso, o vilão é o comportamento de Desculpability,[1] e as vítimas são os sócios, que jogaram fora quinze meses de aluguel.

---

[1] Desculpability: termo que define o hábito de dar desculpas ou culpar as circunstâncias, lançado no livro *Desculpability: Elimine de vez as desculpas e entregue resultados excepcionais*, de 2015.

Quando falamos em "pensamento de dono" não queremos dizer "pensamento de proprietário", mas sim de dono moral, que se preocupa com as consequências de seus atos em tudo o que faz, seja para uma empresa, seja para a sociedade. O contrário do pensamento de dono é o "pensamento comum", ou de Desculpability, que faz com que a pessoa trabalhe com seu instinto básico de autoproteção. Nesse modelo mental, o indivíduo cumpre perfeitamente seus horários, entrega exatamente o que foi pedido, mas nunca vai além do que foi contratado para fazer.

O pensamento comum elimina qualquer preocupação com os ativos da empresa (tangíveis ou intangíveis), faz pensar que os recursos dos sócios ou controladores são infinitos e faz agir como se sempre houvesse outra pessoa dando continuidade ao processo que ele iniciou. Empresas que abrem mão do pensamento de dono acabam tendo que contratar mais gente — e ainda assim produzem menos.

MICROGERENCIAMENTO FAZ PARTE DO ESTILO DA LIDERANÇA

F. S. é um de nossos clientes de mentoring. Há 3 anos ele é CEO de uma multinacional chinesa de tecnologia e vem entregando excelentes resultados. No ano passado, passou a se queixar de dificuldade para dormir, irritabilidade e perda de ânimo, falta de vontade de fazer coisas de que antes gostava muito, como leitura e atividades físicas, e até mesmo de brincar com seu filho. Recomendamos que procurasse um clínico geral e um endocrinologista para um fazer checkup completo. Os primeiros resultados laboratoriais comprovaram o que imaginávamos: F. S. tinha um quadro clássico de estresse. Seus exames apontaram alto nível de cortisol e baixo nível de testosterona. Os níveis de vitamina A, C e D, responsáveis pela imunidade, também estavam baixos.

Fazendo uma retrospectiva, chegamos juntos à conclusão de que o processo de estresse começara com a venda da empresa para os chineses, que trouxeram um estilo de gestão, por assim dizer, "mais próximo". Antes ele tinha autonomia para estabelecer coisas elementares, como definição de preços, quantidade de colaboradores e até mesmo a gestão do time comercial, mas agora esses procedimentos passaram a ser aprovados — ou não — por um time de jovens executivos chineses que, além de ser composto de pessoas com pouco conhecimento sobre a realidade do Brasil, eles não falavam português. Todas as conversas, tanto nas reuniões presenciais como nas videoconferências com a matriz, envolviam intérpretes.

Quando estávamos transcrevendo as notas daquelas sessões de mentoring, percebemos a presença fortíssima da hierarquia e do excesso de controle. Coisas como interferências bruscas na agenda, detalhamento de como uma tarefa deve ser executada e definição de cores de gráfico de resultados são apenas alguns exemplos de formas de controlar o indivíduo.

Um dos mais conhecidos princípios de Taylor (1911) é:

> Somente a partir da padronização forçada dos métodos, da adoção forçada dos melhores implementos e condições de trabalho e da cooperação forçada é que esse trabalho mais rápido será garantido. E o dever de impor a adoção de padrões e impor essa cooperação cabe somente à gerência.[2]

Só que esse conceito é de 1911!

Há teorias que permanecem válidas ao longo dos séculos. Outras são descartadas. O taylorismo é um método de administração que ignora as necessidades dos trabalhadores, tratando-os como engrenagens do sistema produtivo e desencorajando a tomada de iniciativas. No início do século passado, a opinião dos colaboradores não importava.

Esse sistema, na verdade, não racionaliza o trabalho, apenas o padroniza. Empresas que utilizam o microgerenciamento ou que são coniventes com líderes que fazem uso dessa prática podem até gerar bons resultados, mas deixam de ter um clima saudável. O microgerenciamento tem como premissa desconfiar e controlar pequenos detalhes e é o principal causador do ambiente tóxico.

---

[2] TAYLOR, F. W. *The Principles of Scientific Management.* Eastford: Martino Fine Books, 1911. p. 83.

LÍDERES NÃO SE ESFORÇAM PARA COMPARTILHAR A ESTRATÉGIA DA EMPRESA

Ao rodar uma pesquisa com a liderança sobre a visão ou a estratégia da empresa, não seria surpresa se as respostas viessem inconsistentes. Bastam algumas perguntas básicas, como:

1. Qual é a estratégia de sua empresa para os próximos três anos?
2. Quais são os principais investimentos que sua empresa precisa fazer nos próximos dois anos?
3. Qual é a meta financeira que a empresa precisa ter no próximo ano?
4. Quais seriam as principais contribuições que sua área deveria entregar para a meta da empresa a ser atingida?

Claro que a consistência dessas respostas dependerá da empresa e da qualidade de seus respectivos canais de comunicação. De maneira geral, as respostas vindas do primeiro e do segundo escalões seriam bem consistentes, mas do terceiro escalão para baixo a situação muda completamente.

Temos a tendência de imaginar que, quanto maior a empresa, maior a clareza na comunicação da estratégia, mas não é bem assim. Às vezes, justamente as grandes organizações são os ambientes mais desafiadores pela quantidade de líderes envolvidos. O mesmo vale para pequenas organizações, cujos controladores deixam de alinhar todos em torno de um objetivo único, baseado na crença de que se a empresa é pequena, todos se falam; portanto, não precisa investir muito tempo em comunicar a estratégia.

A clareza da visão e da estratégia, metaforicamente, é como a compreensão de um filme de Hollywood. Seria mais ou menos assim: todos da alta gestão assistem a um filme inteiro ao mesmo tempo, em uma sala silenciosa, confortável, comendo pipoca e com o privilégio de ter a presença do diretor do filme, para fazer perguntas e esclarecer detalhes sobre as cenas e os efeitos especiais. Já o segundo escalão assiste ao mesmo filme, porém em uma sala barulhenta, com pessoas passando na frente da tela e sem o privilégio de poder fazer perguntas para alguém que conhece profundamente os detalhes técnicos da filmagem. O terceiro escalão assiste somente ao trailer do filme, cada um olhando a telinha de seus smartphones de maneira individual e sem poder nem mesmo trocar uma ideia com seus colegas sobre o que viram. O restante da empresa apenas vê o cartaz do filme. Como um CEO pretende fazer com que todos embarquem no mesmo sonho, se cada camada do organograma percebeu de maneira diferente a história contada?

Quando a alta gestão se empenha para que as dores da empresa, a proposta da solução, a visão e a estratégia cheguem a todos da melhor forma possível, os colaboradores reconhecem e respondem de imediato; sentem-se respeitados e se engajam, agindo como membros de uma tribo.

LÍDERES EVITAM ENFRENTAMENTOS OU CONFRONTOS SAUDÁVEIS

No filme *O Senhor dos Anéis*,[3] o personagem Aragorn reluta em assumir o trono vazio deixado pelas mortes do rei, seu pai, e de seu irmão. Somente nas últimas cenas do filme, momentos antes da última batalha, a de Pelennor contra as forças de Mordor, ele decide assumir seu papel. Ele pede ajuda aos elfos para soldar sua espada quebrada e ao exército dos mortos que estão no submundo, assume a liderança e defende seu povo. Aragorn ganha a batalha e se consagra rei. Os Aragorns, líderes que relutam em assumir seu papel, não existem somente na ficção. Eles estão presentes em famílias, nas empresas e no governo.

Um dos piores erros de um líder é a ausência. Não nos referimos à ausência física, temporária, provocada por viagens de negócios ou férias, mas sim a de se esquivar de discussões e de enfrentamentos absolutamente necessários para o alinhamento de comportamentos e atitudes.

---

[3] *O Senhor dos Anéis* — trilogia de J. R. R. Tolkien escrita entre 1937 e 1949 e publicada na década de 1950, transformada em filme neste século.

A liderança ausente provoca, entre outros, os seguintes problemas:

1. Deixa uma lacuna em termos de comunicação, comando, direcionamento e posicionamento sobre pontos importantes.
2. Sem direcionamento, o grupo passa a aguardar a decisão e entra em compasso de espera, deixa de ser ágil e a tomada de decisões fica lenta.
3. Essa lacuna de comunicação do líder abre um espaço ideal para fofocas e para o surgimento de lideranças informais, que disputarão nos bastidores o espaço aberto deixado pelo líder.

A RIVALIDADE INTERNA ENTRE OS LÍDERES É MAIS FORTE QUE O DESEJO DE COMPETIR NO MERCADO

A rivalidade interna impede um líder de se sentir genuinamente feliz pelo sucesso do outro. Quando as conquistas de uma área provocam desconforto em outra área é sinal de que a rivalidade se tornou latente, inconsciente. Esse clima tira o foco da competição no mercado, que é a que realmente importa. Torcer e ficar bem pelo sucesso dos outros não é instintivo do ser humano, é algo que demanda ensino. Empresas que toleram ou são coniventes com disputas internas abrem mão da colaboração e da cultura de inovação.

LÍDERES SÃO CONIVENTES COM O SENTIMENTO DE APATIA EM RELAÇÃO ÀS CONQUISTAS CORPORATIVAS

Fomos contratados para realizar uma série de doze workshops em doze áreas de uma grande seguradora. Em cada workshop, antes da apresentação, havia sempre uma abertura dos trabalhos, um momento em que eram dados os recados do dia e o diretor responsável pela área apresentava números do negócio e compartilhava as metas alcançadas. Quase todas as áreas apresentaram números muitos bons; cinco delas, excelentes. Metas desafiadoras estavam sendo superadas e havia uma enorme evolução nos indicadores do negócio em relação ao ano anterior.

O que nos chamou a atenção foi a forma como as conquistas eram recebidas pelos participantes dos workshops: com indiferença, quase com desprezo. Independentemente da qualidade da apresentação do diretor da área, o grupo não esboçava nenhuma reação positiva, nenhuma empolgação, nenhum encantamento. Zero sorrisos, zero acenos de aprovação. Aplausos, nem pensar.

No entanto, quando o RH ou outro gestor subia ao palco com informações sobre os aniversariantes do mês ou quem havia sido promovido, havia reações de grande euforia e gritinhos de torcida.

Não temos nada contra comemorar aniversários ou promoções, pelo contrário. Mas o que nos chamou a atenção foi a dicotomia das emoções. Frieza para a pessoa jurídica. Festa para a pessoa física.

E, para piorar, alguns RHs e CEOs podem ficar felizes com esse cenário, acreditando que a euforia com aplausos aos aniversariantes e às promoções seja um indicador da existência de um bom clima. O que pode até ser, só que, definitivamente, não são sinais de uma cultura consolidada.

LÍDERES SE CONFORMAM COM O AMBIENTE DE DESCULPAS E JUSTIFICATIVAS DESNECESSÁRIAS

Em geral, nas empresas que ainda não tiveram contato com o conceito de Accountability[4] ou de pensamento de dono, a média das frases de desculpas utilizadas no dia a dia pelos colaboradores fica entre cinco e sete, mas, certa vez, recebemos da própria área de Gestão de Pessoas de um grande fundo de investimento uma lista que nos assustou. Eram 27 frases de desculpas recor-

---

[4] *Accountability*: verbete da língua inglesa, sem tradução direta para o português. Termo relacionado a um conceito amplo de responsabilidade pessoal, ou seja, o hábito de pensar e agir como dono e gerar resultados. Encontrado no livro *Accountability*: A evolução da responsabilidade pessoal, de 2013.

rentemente usadas pelos colaboradores. Algumas eram muito parecidas entre si, variações das mesmas desculpas, mas o fato é que eram usadas no dia a dia da empresa.

Como a empresa chegou a esse ponto? Como esse hábito se formou a ponto de contaminar a cultura? A resposta é: aos poucos.

Se as desculpas são aceitas, se ninguém reage, ninguém faz nada a respeito disso, a coisa progride até o ponto de se tornar um hábito copiado por todos. Esse movimento é agravado pelo fato de ninguém se colocar como dono moral. Ninguém reage com indignação a esse modelo mental, que aos poucos toma posse da cultura da empresa. O hábito coletivo de criar desculpas para justificar os erros — ou mesmo de se justificar desnecessariamente — funciona como um terrível freio na performance das empresas.

DIANTE DE PROBLEMAS, EM VEZ DE SOLUÇÕES, LÍDERES BUSCAM CULPADOS

O CEO de uma das maiores empresas do país estava prestando depoimento a um delegado sobre um acidente que havia provocado a morte de mais de duas centenas de pessoas, entre colaboradores e moradores cujas residências ficavam próximas da operação. Em determinado momento da entrevista, o delegado lê um trecho de uma troca de mensagens da empresa entre o CEO e um de seus diretores.

Esse trecho estava em uma denúncia interna, feita por um colaborador anônimo que dizia que denunciaria a empresa caso a direção não modificasse alguns procedimentos ou se nada fosse feito para impedir um acidente na operação. O acidente acabou acontecendo. O colaborador anônimo pretendia denunciar os erros recorrentes da empresa, erros que persistiam mesmo depois de ela ter sido alertada por seus funcionários.

No trecho lido pelo delegado, o CEO mostrava-se visivelmente transtornado, querendo saber quem era o tal colaborador "inimigo da empresa" que fizera a denúncia. Ele, pelo menos no texto lido, não estava preocupado em apurar a denúncia, mesmo que isso pudesse evitar uma enorme tragédia

— o que acabou acontecendo. Em vez disso, ele estava preocupado em descobrir quem foi o desgraçado que ousou denunciar a empresa. Esse CEO estava focado em matar o mensageiro, como se isso fosse a causa raiz do problema. Em algumas culturas consolidadas e saudáveis, tanto o erro quanto a queixa são motivos para celebração; nessas empresas, a liderança entende que dessa forma estarão aprendendo a não errar mais.

LÍDERES FABRICAM E TOLERAM OS INTOCÁVEIS

Em uma empresa de logística, um gestor de RH já estava em dúvida fazia tempo quanto à performance de um funcionário de sua área. Mas depois de alguns feedbacks formais e informais, sem que melhorassem os resultados abaixo do esperado, ficou bem claro para o gestor que não havia mais nada a fazer com o funcionário.

Ele seguiu o processo de desligamento passo a passo. Fez o orçamento desse procedimento, checou se havia algum impedimento com relação à legislação, juntou toda a documentação e expôs a situação ao seu diretor. Na mesma hora recebeu a aprovação para proceder. Parecia estar tudo certo: o gerente de RH chamou o funcionário e conduziu o desligamento, na presença de uma analista de recursos humanos.

O funcionário desligado não demonstrou surpresa com a demissão, não fez comentários, não perguntou nada. Deu um leve sorriso, levantou-se e saiu da sala. Dois dias depois, o presidente da empresa ligou para o gerente de RH e determinou que ele fosse recontratado. E assim foi feito.

Intocáveis são mais comuns do que imaginamos. São mais facilmente encontrados em empresas estatais e familiares, mas também estão presentes em empresas nacionais de capital aberto e em multinacionais. Há dois tipos: os **Intocáveis por Lei**, blindados pela armadura da legislação trabalhista, e os **Intocáveis por Relacionamento**.

No setor privado, os *Intocáveis por Lei* são um pouco menos prejudiciais que os outros, porque, além de facilmente identificáveis, eles têm validade de duração. Ao contrário do serviço público, em uma empresa privada a eventual estabilidade de algum funcionário é provisória, associada à sua situação administrativa ou a um estado de saúde. Pode demorar um pouco mais ou um pouco menos, mas em algum momento essa situação termina. Já em relação aos *Intocáveis por Relacionamento*, a realidade é diferente. Primeiro, eles não são facilmente identificáveis. Na maior parte das situações, só são percebidos como intocáveis quando um gestor tenta movimentá-los e descobre que não é possível. Segundo, porque a duração dessa blindagem não tem prazo definido. Pode ser de anos ou décadas.

Os intocáveis representam a personificação de tudo que é oposto ao pertencimento. Representam uma barreira a toda e qualquer iniciativa de evolução da cultura.

Já testemunhamos a paralisação por dois anos de um grande programa de transformação de cultura em uma empresa com quinhentos funcionários por causa de um intocável na estrutura. Havia um diretor comercial que aparentemente "dava muito resultado", mas era um péssimo exemplo de comportamento. Quando ele finalmente foi desligado, vieram à tona diversos casos de assédio moral com a equipe e de descaso com clientes.

LÍDERES SÃO CONIVENTES COM A FORMAÇÃO DE CASTAS

Chamamos de *castas* os grupos de pessoas que só trabalham para um gestor específico. Tecnicamente, podem trazer bons resultados para sua área, mas, para eles, a lealdade ao gestor vem antes do pensamento de dono e da colaboração genuína. As demais áreas podem estar demandando agilidade ou continuidade de processos, mas a casta funciona no ritmo e na urgência que seu chefe determinar.

No fundo, é uma relação de troca: a casta oferece lealdade, sigilo e aprovação incondicional ao seu líder, e recebe proteção e privilégios, como horários flexíveis, feriados prolongados, festinhas de aniversário caprichadas, churrascos exclusivos, happy hour e outras regalias. O líder tem posse de seu time, é o dono dele e não abre mão de alguém de seu quadro para ceder às outras áreas. No modelo mental de casta, o pensamento é: "Eu trabalho para fulano, sou leal a ele e ponto!" Mas na realidade deveria ser: "Eu trabalho para a empresa, nesse momento meu gestor é fulano."

LÍDERES SÃO CONIVENTES COM A FORMAÇÃO DE SILOS

Os *silos* são diferentes das castas. Aqui nos referimos a apego a processos e costumes próprios. No silo, o pensamento é: "Sempre fizemos desse jeito e deu muito certo!" Se você já ouviu frases do tipo: "aqui fazemos assim", "nesta área temos nosso jeito de fazer as coisas" ou "em nossa região é um pouco diferente da matriz", você provavelmente estava diante de um mensageiro do silo.

Uma empresa nacional fez um esforço enorme para instalar um software único de gestão. Depois de alguma pesquisa, optou por um sistema muito caro, mas considerado muito avançado. Depois de investir 1,5 milhão de dólares em dez meses, com alguns perrengues pelo caminho (por exemplo, ter ficado cinco dias sem emitir nenhuma nota fiscal, enquanto a migração de sistemas era feita...), o programa entrou em funcionamento e passou a operar bem. Mas descobriu-se que uma das áreas continuou a fazer parte de suas rotinas no Excel, em vez de utilizar o novo sistema.

O silo tem grande aderência aos procedimentos já incorporados e apresenta enorme resistência a mudanças. Além de levar o grupo a insistir em processos antigos, esse fenômeno de cultura leva ao desenvolvimento de métodos próprios, exclusivos, agindo de maneira quase independente.

Dependendo da força do líder, esse modelo mental pode ser uma barreira à colaboração genuína, inovação, transformação digital e outras iniciativas de evolução da empresa.

LÍDERES ABREM MÃO DA GESTÃO POR CONSEQUÊNCIA

Em uma empresa do setor de logística, uma gerente da área de qualidade, de altíssimo nível técnico, foi flagrada em ato sexual com um funcionário do depósito. O fato aconteceu no refeitório, em um final de semana, quando havia pouco movimento na empresa. O motivo dado pela funcionária para trabalhar naquele horário tinha sido preparar o setor para uma auditoria de rotina da Anvisa, que seria feita na segunda-feira.

Apesar de a cena ter sido registrada por câmeras de segurança e a notícia ter se espalhado pela empresa inteira em poucas horas, o CEO demorou para desligar a funcionária, com o argumento de que seu perfil era muito raro no mercado e seria difícil substituí-la. Na verdade, ele demorou mais de um ano! E quando, por fim, ela foi demitida, não foi aplicada a justa causa, ou seja, apesar do sério desvio ético e de conduta, a gerente saiu pela porta da frente, ou seja, foi indenizada.

Muitas empresas são meritocratas somente por uma via: a de reconhecer o esforço e o resultado de quem fez o certo, valorizando o indivíduo. Distribuem bônus significativos, mas se esquecem de que meritocracia não envolve só premiar os melhores, mas também punir quem faz o errado. Não nos referimos à "tolerância zero"; pelo contrário, acreditamos que não há acerto sem tentativa e erro, não há criatividade e inovação sem tentativas, que podem não dar certo. Não há aperfeiçoamento sem erros.

Erros gerados dentro do modelo mental de promover melhoria contínua são positivos, resultantes da tentativa de acertar e, por meio disso, aprender. São erros que constroem.

O que nós condenamos são erros destrutivos, provocados por negligência, por desvio de conduta, por descaso da empresa. Esses erros devem ser corrigidos o quanto antes, porque a condescendência com esse comportamento leva as pessoas a desacreditar da alta gestão. Não pode haver pior mensagem a ser passada para toda a organização do que a mensagem de que a empresa é conivente com a impunidade, e o código de conduta é apenas uma formalidade, e não um guia de gestão. Então as pessoas vão entender que, independentemente do que façam ou deixam de fazer, nunca haverá consequências, a empresa sempre será condescendente.

O descaso com denúncias internas ou externas também é característica de ausência de gestão por consequência.

LÍDERES SÃO CONIVENTES COM O CONSENSO ESCONDIDO

Provavelmente você já deve ter participado de uma reunião na qual, após um longo debate sobre um tema, uma decisão foi tomada, mas, depois de terminada a reunião, cada um tomou um caminho diferente. Esse comportamento tem o nome de *consenso escondido*. Significa que os participantes da reunião, apesar de terem respeito e cordialidade uns para com os outros, têm suas agendas próprias não declaradas para a tomada de decisões e não colocam a empresa em primeiro lugar.

Por falta do hábito de confronto franco, ou talvez excesso de respeito com os demais, essas pessoas não fazem uso do enfrentamento saudável, que é um elemento essencial para o exercício da boa comunicação, da negociação de ideias para se chegar ao consenso verdadeiro. Esse comportamento é mais presente entre os latinos porque, para nós, a lealdade entre os pares é frequentemente mais importante que a relação com a empresa.

Esse sintoma torna a empresa lenta, com reuniões aparentemente não concluídas e que não chegam a lugar algum.

O RH organizou um evento offsite com muito cuidado, para fazer o planejamento estratégico. Escolheu um excelente hotel no interior de São Paulo, alinhou detalhadamente a agenda com os sócios, escolheu dois bons consultores para conduzirem o evento. Havia quinze participantes: dois sócios e treze diretores. Ao chegar, cada um recebeu em sua suíte uma carta escrita por sua família, com um texto dizendo quanto essa pessoa era querida e admirada. O clima não podia estar melhor. Mas, apesar de todo o cuidado investido na preparação do evento, o que foi definido e alinhado durante o final de semana não foi posto em prática, não foi executado, não se concretizou. Foram dezesseis horas de trabalho, mas, após o encontro, poucos diretores se esforçaram para desenvolver o que foi planejado.

O diretor que mais se preocupou com isso conduziu uma reunião de quatro horas com seu time de gerentes. Os demais voltaram para suas rotinas.

Faltou quase tudo o que deveria vir a seguir: consenso, desdobramento correto e execução.

LÍDERES FAZEM USO DA CARTEIRADA

Frases do tipo: "Dr. Fulano pediu!", "Fulano não vai gostar" ou "Fulana mandou fazer isso já!" são exemplos de carteiradas, uma forma ágil de fazer as coisas acontecerem.

O uso da carteirada envolve pelo menos dois personagens: quem manda e quem obedece. Quem manda, a celebridade corporativa, usa seu nome para encurtar um caminho ou pular uma etapa de um processo e faz isso com base no título, no cargo, e acaba dando mau exemplo. Tira o foco da empresa e o coloca sobre si mesmo, fortalecendo seu ego. Quem obedece o faz por temor ao nome da pessoa, e não por respeito à empresa. Com o tempo, aquele nome passa a ser usado por vários na empresa e seu mau exemplo é reproduzido.

Quando isso ocorre excepcionalmente, não prejudica o modelo mental do time, mas, se ocorre com frequência, retira a autonomia e o senso de dono, além de abalar a autoestima das pessoas. Em vez da cultura de pensamento de dono, teremos a cultura de medo do dono, que é muito diferente.

Atender com presteza a pedidos emergenciais é uma prática muito saudável, desde que sejam pedidos das verdadeiras celebridades corporativas: os clientes.

LÍDERES PERMITEM QUE PESSIMISTAS DE PLANTÃO INFLUENCIEM O TIME

É difícil para um time de futebol jogar quando a própria torcida não acredita na vitória. Não há plano de governo que seja bem-sucedido, se houver pessimismo na nação. Acreditar é benéfico, ter fé, convicção, visão positiva do futuro. Isso é benéfico tanto para a vida pessoal como para a vida cívica e também para o mundo dos negócios.

A pior situação que uma empresa pode enfrentar é a falta de fé de seus colaboradores com relação à alta gestão, a falta de convicção no sucesso futuro da empresa. Já vimos casos de empresas financeiramente quebradas que saíram de situações dificílimas não só porque fizeram as mudanças necessárias na gestão, mas também porque seus funcionários não se deixaram abalar e mantiveram uma visão positiva do futuro. Há empresas com excelentes intenções ao desenhar planos de melhoria, procurando aprimorar processos, vender mais, produzir com melhor qualidade, melhorar o clima ou a qualidade de vida, mas, independentemente das ações propostas, as iniciativas são recebidas com frieza, pouco caso, apatia, desconfiança, desânimo ou pessimismo. Esperar o pior é uma posição muito confortável: se der tudo errado, o pessimista pode dizer: "Eu avisei!" E, se der tudo certo, basta ficar em silêncio e usufruir dos benefícios da situação que os outros criaram.

Ser pessimista é natural para algumas pessoas. O que não é saudável é a liderança aceitar conviver com esse perfil.

LÍDERES FICAM INDIFERENTES À INOVAÇÃO OU À TRANSFORMAÇÃO DIGITAL

O *Global Innovation Index* (GII) classifica os países de acordo com sua capacidade de inovação. Desde 2010, a Suíça lidera esse ranking, seguida por Suécia e Estados Unidos. A China entrou para o grupo dos vinte países mais inovadores em 2018 na 17ª posição, e em 2019 subiu para 14ª. É o único país emergente entre os 20+. O Brasil mantém-se sempre entre o 60º e o 70º lugar.

Portanto, não temos muitas referências quanto ao que realmente significa *inovar*.

A transformação digital é essencial para a sobrevivência de qualquer empresa hoje e, se o negócio não estiver nas nuvens e na palma das mãos dos clientes, dificilmente vai sobreviver por muito mais tempo. Projetos desse tipo não são percebidos como de alta prioridade.

A indiferença com relação aos projetos de inovação quase sempre é um fortíssimo sinal de uma cultura que não está voltada para o futuro.

LÍDERES ABREM MÃO DA VOZ DO DONO E PERMITEM QUE A RÁDIO PEÃO FALE MAIS ALTO

Como é possível um colaborador ter mais confiança no que ouve de um colega do que no que o líder lhe diz?

Isso é mais comum do que imaginamos, principalmente porque a liderança formal deu espaço para a liderança informal se fazer ouvir. Em geral, por ocuparem um espaço nos rituais de comunicação, exercendo o que chamamos de a Voz do Dono. Além de falar nos rituais, líderes vacilam ao fazer promessas que não podem ser cumpridas, voltam atrás sem explicação convincente, por inconsistência na comunicação ou por um estilo inadequado de se comunicar pela fala e pela escrita, de forma rude, grosseira ou direta demais.

Todas as vezes que uma área sofre pela comunicação de baixa qualidade de seu líder, ela contamina outras áreas com as quais se relaciona.

LÍDERES INDIFERENTES À AGENDA, AOS PROCESSOS E ÀS POLÍTICAS DE GENTE & GESTÃO

Um dos motivos de desligamento espontâneo de pessoas do RH está relacionado diretamente aos seus pares e superiores. Em nossa percepção, isso ocorre pelo desgaste do RH, por sentir que estão carregando algumas atribuições que os demais gestores deveriam assumir. Se, em sua empresa, o RH tem de ficar pegando no pé de seus pares para que eles façam a abertura dos eventos corporativos, por exemplo, ou precisa implorar para um gestor liberar seu time para um treinamento; se precisa insistir para que eles façam a avaliação anual, deem feedbacks, preencham a pesquisa de clima ou mesmo para que eles se envolvam em questões "fora da área deles", como segurança de informações, certamente o RH está carregando nas costas parte das funções dos demais gestores. Dificilmente você encontrará um caso de sucesso, uma empresa com cultura consolidada e saudável, em que as áreas não estejam em sintonia com os processos e o calendário de gente & gestão.

CAPÍTULO 4

COMO PERDER DINHEIRO COM CULTURA

> "Como você foi à falência?
> De duas maneiras: aos poucos e de repente."
> Ernest Hemingway[1]

A citação anterior é parte de um diálogo entre dois personagens de Hemingway. Aparentemente, essa forma de ir à falência, descrita por ele no início do século passado, ainda vale para o mundo dos negócios de hoje.

---

[1] HEMINGWAY, Ernest. *O Sol Também se Levanta*. Rio de Janeiro: Bertrand, 1926.

A cultura é sem sombra de dúvida uma das principais causas que leva uma empresa a entrar em dificuldades financeiras. Existem centenas de casos que comprovam o quanto uma liderança equivocada distorceu e contaminou o modo de agir de toda a empresa, como ocorreu no caso da BlackBerry, Boeing, Enron, Firestone, Gurgel, Kodak, Laura Ashley, Lehman Brothers, Mappin, Odebrecht, Sears, Takata, Thomas Cook Travel, Varig e muitas outras.

Separamos dois casos de empresas que eram líderes absolutas em seus mercados, consideradas imbatíveis, cujo patrimônio virou pó por causa da cultura. Estamos falando da Kodak e da BlackBerry. Escolhemos um terceiro caso, que chega a ser um absurdo, a Boeing. Uma gigante do setor aéreo que está ativa, sólida, porém enfrentou problemas que poderiam perfeitamente ter sido evitados se sua cultura não tivesse sido contaminada.

Nossa análise foi feita estritamente do ponto de vista da cultura. Estudamos as crenças de líderes, da alta gestão, que contaminaram a cultura e comprometeram a rota de sucesso que elas estavam traçando. O objetivo aqui não é menosprezar o legado empresarial dessas empresas. Nosso intuito é aprender com os erros do passado para melhorar nossas decisões no futuro.

VILÕES DE UMA CULTURA DOENTIA

Antes de nos aprofundarmos nesses casos, é importante entender dois personagens maléficos, capazes de, em pouquíssimo tempo, transformar uma cultura sadia em doentia.

1. **Húbris**

    Na Grécia antiga, húbris era a referência para tudo que era excessivo, exagerado, como rompantes emocionais, explosões de raiva, paixões violentas, falta de controle dos próprios impulsos e desprezo pelos outros. Postura que, segundo os gregos, acarretava desgraças e ruína. Húbris é sinônimo de orgulho desmedido, autoconfiança excessiva, arrogância. Ela leva à perda de contato com a realidade, o indivíduo passa a subestimar o concorrente ou superestimar as próprias qualidades, capacidades ou recursos, como deixar de conhecer o que está acontecendo com o mercado e, principalmente, não procurar saber o que os concorrentes estão fazendo.

2. **Inércia**

Na física, inércia aparece na primeira Lei de Newton como a capacidade de resistir à mudança do movimento. Na química, inércia é uma substância que não reage com outros elementos químicos. Em ambas as ciências, inércia está relacionada à resistência. No mundo corporativo, a inércia leva os líderes da empresa a resistir às mudanças da sociedade que, cedo ou tarde, vão refletir no mercado.

Não existe uma "mitologia corporativa", mas, se existisse, Húbris e Inércia seriam duas musas gêmeas, andando lado a lado, que vivem perturbando a percepção dos líderes e influenciando-os a tomar decisões em benefício próprio.

KODAK — MOMENTOS DE HÚBRIS CORPORATIVA

CONTEXTO

A marca Kodak está presente na história de vida de milhares de famílias. A empresa proporcionou a pessoas comuns a possibilidade de registrar seus melhores momentos, os tais *Momentos Kodak*, como eram chamados, sem ter de recorrer a profissionais de fotografia. A empresa está ativa até hoje, com foco em digitalização, mas é bem menor do que já foi.

A palavra *Kodak* não tem nenhum significado; foi criada para ser o nome da empresa. George Eastman, o fundador, gostava da letra K e encontrou essa palavra, foneticamente diferente de tudo o que havia no mercado.

Durante quase 75 anos, a Kodak foi líder no mercado de filmes fotográficos, chegando a ter o maior polo industrial fotográfico do mundo. O Eastman Business Park, ou o Kodak Park, tinha 154 imóveis espalhados em uma área de 52km² em Rochester, Nova York. Ali trabalhavam 60 mil funcionários. Outros 85 mil estavam espalhados por nove polos industriais no mundo — um deles no Brasil, em São José dos Campos.

Até o início do ano 2000, trabalhar na Kodak era sinal de prestígio e motivo de enorme orgulho para qualquer colaborador da empresa, causando impacto equivalente ao trabalhar hoje na Tesla, na Apple, na Amazon ou no Google. O final da década de 1990 foi o auge do poderio da Kodak. Em 1996, a empresa chegou a faturar quase US$16 bilhões com a receita de quatro unidades de negócios: *imagens do consumidor, profissionais, de saúde* e *outras* (entretenimento, digitais aplicadas, documentos e software Eastman).

CRONOLOGIA

- **1889** — George Eastman funda a Eastman Kodak Company.
- **1892** — A Kodak lança a primeira câmera fotográfica com o *slogan*: "Você aperta o botão, nós fazemos o resto."
- **1922** — A Kodak produz mais de 236 mil quilômetros de filme cinematográfico. Quase 10% de toda a produção de prata dos Estados Unidos vai para a indústria de produção de filmes da Kodak.
- **1935** — A Kodak lança o *Kodachrome* e revoluciona o padrão de filmes coloridos.
- **1963** — A Kodak lança a câmera *Instamatic*, que chegou a vender 50 milhões de unidades.
- **1969** — A Kodak fabrica a câmera e o filme utilizados para fotografar o pouso da Apollo 11 na Lua.
- **1975** — A Kodak torna-se a primeira empresa a patentear a câmera digital, inventada pelo engenheiro elétrico Steve Sasson, mas não lança o produto no mercado.
- **1976** — A Kodak tem 90% do mercado de filmes fotográficos nos Estados Unidos e 85% do mercado de câmeras.
- **1984** — A Kodak decide não participar como patrocinadora oficial dos jogos olímpicos de Los Angeles, abrindo a porta para a Fuji entrar no mercado norte-americano.

- **1994** — A Kodak fabrica para a Apple uma das primeiras câmeras digitais de consumo, a *QuickTake*.
- **1998** — A Kodak perde participação no mercado, caindo de 80,1% para 74,7%, e o faturamento dá sinais de estar perdendo fôlego.
- **2001** — A Kodak lança a máquina digital *EasyShare*, passando a competir com Sony, Canon, Nikon e Panasonic.
- **2003** — Pela primeira vez, o mercado de câmeras digitais no mundo ultrapassa o mercado de venda de filmes fotográficos.
- **2004** — À medida que a popularidade das câmeras digitais cresce, a Kodak finalmente abandona as câmeras de filme.
- **2005** — A Kodak é líder de câmeras digitais nos Estados Unidos, com faturamento bruto de US$5,7 bilhões em vendas, mas não tem lucro com a venda de máquinas digitais; pelo contrário, tem prejuízo de cerca de US$60 por câmera vendida.
- **2007** — A Kodak cai para o quarto lugar em câmeras digitais. Muda o foco, investe muito dinheiro para entrar no mercado de impressoras a jato de tinta e passa a competir com outros grandes do mercado: HP, Canon, Epson e Lexmark.
- **2009** — A Kodak para de vender filmes coloridos de 35mm.
- **2010** — A Kodak cai para o sétimo lugar em câmeras digitais. Sai da lista das quinhentas maiores empresas do mundo, da Standard & Poor's.
- **2011** — As ações da Kodak caem mais de 80%, com valor inferior a US$2 por ação.
- **2012** — A Kodak pede falência.

ANÁLISE DA CULTURA

É frequente dizerem que os grandes algozes da Kodak foram a Fuji e a Apple — o que, em parte, é verdade —, mas seu maior inimigo estava dentro da própria empresa. A Kodak construiu seu legado em torno de uma grande marca e conseguiu associar seu nome a outros grandes, como National Geographic, NASA, NBA e Disney, com a qual manteve parceria por 57 anos. Décadas de glamour geraram na alta gestão um sentimento de que a empresa era blindada e, o pior, que a lealdade do consumidor Kodak seria inabalável.

Além de filmes fotográficos, a Kodak fabricava os papéis das fotos, parte de suas embalagens e seus próprios produtos químicos. Possuía uma usina de energia elétrica movida a carvão e uma quantidade enorme de funcionários. Era extremamente verticalizada.

Até 1985, tinha cerca de 145 mil colaboradores no mundo. Mesmo para os padrões de gestão da época, era uma empresa inchada. Com uma cultura ultraconservadora, absolutamente hierarquizada, apegada a glórias do passado, somada à miopia de mercado, a empresa foi lenta, por inércia, em reduzir seu quadro de pessoal e se desfazer de seus ativos.

A cultura de inovação era fortíssima, com milhares de patentes registradas, mas todas as inovações passavam pela aprovação da alta gestão, formada por pessoas que fizeram suas carreiras vindas da área comercial de filmes fotográficos. Toda inovação que não fosse diretamente relacionada com esses produtos não era muito bem recebida.

Em 1975, quando o engenheiro elétrico Steve Sasson apresentou à diretoria sua nova invenção — a primeira máquina fotográfica digital do mundo —, ele ouviu de um dos diretores: "Estamos no ramo de impressão de fotos há cem anos. Ninguém está se queixando, e achamos que ninguém jamais vai querer ver fotos em um aparelho de televisão." O próprio CIP,[2] Timothy Linchy, conta: "Nós basicamente dissemos a Sasson para pegar aquela caixa e ir embora."[3]

Segundo Steve Sasson, em entrevista à HEC Paris (Escola de Altos Estudos Comerciais de Paris), em 2018, "mudar era realmente muito difícil para a alta direção."

---

[2] Chief Intellectual Property Officer, o diretor de propriedade intelectual.
[3] HARRIS, Mark. Snapping up Kodak. *IEEE Spectrum*, Nova Jersey, v. 51, n. 2, p. 30-62, fev. 2014.

Dezoito anos depois, em 1993, o vice-presidente Don Strickland deu a seguinte declaração à imprensa: "Desenvolvemos a primeira câmera digital de consumo do mundo, mas não conseguimos aprovação interna para lançá-la ou vendê-la, por medo dos efeitos no mercado de filmes."

Nós interpretamos a frase "não conseguimos aprovação interna" como um sinal de que, naquele momento, a alta gestão estava contaminada por orgulho excessivo. O ego já falava mais alto que a razão, e assim a empresa se distanciou da visão de ser líder mundial, com avanço técnico e inovação. Essa alta gestão já se isolava como em um *silo* com fortes indícios de ter a *presença de intocáveis*.

David Usborne, do *The Independent*, escreveu: "Talvez um dia os historiadores concluam que a maior responsabilidade pelo lento desenrolar da empresa pode ser atribuída ao fracasso de seus líderes em reconhecer o enorme potencial da invenção de Sasson."[4]

A Kodak postergou o momento de entrar no mercado digital até o último minuto e, quando o fez, não deu o foco necessário. Continuou a subestimar o mercado digital, tentando valorizar os filmes fotográficos.

Cinco anos após a Kodak ter lançado sua primeira câmera digital, o CEO — que na época era o engenheiro hispano-americano Antônio Perez, formado em Marketing e Negócios, além de Engenharia Elétrica, com mestrado e doutorado em escolas da Espanha, da França e dos Estados Unidos — declarou que o negócio de máquinas digitais era ruim. Usou a expressão *"crappy business"*[5] e completou: "um negócio sem margem e sem lucro". Dessa maneira, desacreditava seu próprio produto e, consequentemente, a divisão digital da empresa.

Acostumada a operar durante anos com as altas margens de lucro dos filmes fotográficos, a Kodak não estava habituada nem articulada para competir com margens menores. O primeiro embate, ainda no setor de filmes, tinha sido com a Fuji. Mas, ao entrar com atraso no setor de câmeras digi-

---

[4] USBORNE, David. The moment it all went wrong for Kodak. *The Independent*, 20 jan. 2012.
[5] WEISSMAN, Jordan. What killed Kodak. *The Atlantic*, 5 jan. 2012; KMIA, Olivia. Why Kodak died and Fujifilm thrived: a tale of two film companies. *PetaPixel*, 18 out. 2018.

tais, passou a ter outros competidores, mais agressivos, como Sony, Nikon, Panasonic, Canon, Samsung — empresas que já tinham experiência em competir com as margens mínimas do setor eletrônico.

A Kodak também acreditou que os bancos sempre estariam ao seu lado, devido à presença marcante que teve nos lares norte-americanos. Acreditava que seu acervo de 22 mil patentes seria suficiente para quitar o passivo, uma vez que tinha sido avaliado por escritórios jurídicos especializados em patentes em cerca de US$4,5 bilhões.[6] Contudo, no leilão de patentes, em 2012, a realidade se mostrou diferente. O lote foi arrematado por aproximadamente US$500 milhões, por um consórcio formado por doze grandes empresas.[7]

SINAIS DE CULTURA DOENTIA

- **DNA** — A Kodak deu as costas para a própria essência, a inovação. Desvalorizou a própria origem, uma vez que a divisão de Pesquisa & Desenvolvimento sempre foi a grande paixão do fundador.
- **Húbris corporativa** — Miopia de mercado, não conseguiu interpretar a situação e, com aversão, rejeitou tudo o que pudesse ir contra os filmes fotográficos.
- **Presença de intocáveis** — As áreas Comercial e de Marketing da divisão de filmes fotográficos pareciam pairar um nível hierárquico acima de seus pares de outras áreas, como deuses do Olimpo.
- **Silos de cultura** — Alta gestão formada por executivos vindos da área de filmes fotográficos, eles solidificaram uma cultura própria de soberba.
- **Rivalidade interna** — A área de filmes fotográficos estava mais interessada em ver o fracasso de seus colegas da área digital do que ajudar a empresa a ter melhores resultados.

---

[6] HARRIS, Mark. The lowballing of Kodak's Patent Portfolio. *IEEE Spectrum*, Nova Jersey, 31 jan. 2014.
[7] Adobe, Apple, Amazon, Facebook, Fuji, Google, HTC, Microsoft, Huawei, Samsung, Shutterfly e RIM.

- **Inércia** — Mesmo depois de perceber que o cenário havia mudado, a liderança não conseguiu se articular com velocidade suficiente para reagir.

BOEING — UM SOFTWARE QUE CUSTOU MAIS DE US$18 BILHÕES

CONTEXTO

Em um pequeno estaleiro em Seattle, em 1916 — dez anos após o primeiro voo de Santos Dumont e treze após o voo dos irmãos Wright —, William Boeing, um bem-sucedido empresário do ramo de madeiras, fundou e batizou com seu nome uma empresa que viria a se tornar a gigante do setor da aviação e, mais tarde, do setor espacial. Um ano depois, a Primeira Guerra Mundial abriu a oportunidade para a Boeing se tornar fornecedora da Força Aérea Americana,[8] desenvolvendo uma forte relação com o governo.

A empresa tornou-se líder no setor aéreo, atuando em quatro grandes áreas de negócios: aviação comercial (49%), aviação militar (30%), serviços globais (20%) e serviços financeiros (1%). Empregava 145 mil pessoas em 65 operações pelo mundo, e seu valor de mercado, ao final de 2019, chegou a US$193 bilhões.[9]

Durante muitos anos, a Boeing praticamente monopolizou o mercado de aviação comercial, tendo em vista que seu concorrente mais próximo, a McDonnell's Douglas Corporation, tinha o foco na aviação militar. Em 1997, a McDonnell's foi incorporada pela Boeing, reforçando o portfólio e trazendo novas contas com o governo norte-americano.

Por mais de cinquenta anos, o principal produto de aviação comercial da empresa, o 737, não teve concorrentes no mercado. A Boeing tornou-se

---

[8] United States Air Force (USAF).
[9] Dados coletados em 20 de abril de 2020, de acordo com o site de análises financeiras GuruFocus.

dependente das receitas desse produto, que era a única opção de aeronave de médio porte para as companhias aéreas.

O primeiro e único concorrente surgiu com a fundação da Airbus, em setembro de 1967, por intermédio de um acordo entre Alemanha, França e Inglaterra. Lentamente, a Airbus abalou a liderança da Boeing.

A Boeing, inicialmente, menosprezou esse novo *player* no mercado, depositando excessiva confiança em sua relação duradoura e antiga com governos e com as companhias aéreas, principalmente as norte-americanas. Meio século de liderança de mercado envaidece e cega qualquer executivo que não tenha uma base de humildade e um forte respeito por adversários.

O cenário começou a mudar em 1974, quando a Airbus lançou a linha 300. Pode-se dizer que, com essa única linha de produto, a Airbus devorou, ao longo do tempo, a participação da Boeing no mercado. De 1975 até 2010, a Airbus conquistou, a cada ano, 1% do mercado. Um por cento (1%) não faz grande diferença, mas 1% todo ano, durante 45 anos, sim.

Segundo dados publicados pela Forbes,[10] a suposta lealdade das companhias aéreas para com a Boeing foi sendo abalada aos poucos. De 1974 a 2018, a fatia da Airbus passou de zero para 45,3%.

O ano decisivo foi 2011, quando a American Airlines fez a maior compra da história da aviação comercial: 460 aeronaves, no valor de US$56 bi, sendo 200 Boeing 737 e 260 Airbus 320neo. Foi a primeira venda expressiva de aviões da Airbus para uma companhia norte-americana de grande porte, e o primeiro golpe dos muitos que a Boeing passou a receber. Calcula-se que, em 2019, a participação da Airbus no mercado tenha chegado a 62,5%.

A Boeing se orgulhava de ter vendido 8 mil unidades da linha 737 em 47 anos, desde seu lançamento, em 1967, até 2014. Realmente, é um número respeitável: 164 aeronaves por ano, em média. Mas a Airbus precisou de apenas 30 anos, a partir do lançamento da linha 300, para vender a mesma

---

[10] TREFIS TEAM. How Airbus has grown over the years to dethrone Boeing as the largest commercial aircraft maker. *Forbes*, 6 jan. 2020.

quantidade. Na média, 266 aviões por ano, uma performance 81% melhor que a de seu concorrente.

Pressionada para não perder mais mercado, principalmente com o lançamento do 320neo, a alta gestão da Boeing decidiu lançar às pressas um produto para combater o avanço da Airbus. Mas, em vez de oferecer ao mercado um projeto inteiramente novo, o conselho da empresa decidiu ampliar a família do 737, acrescentando novos motores e, naturalmente, equipamentos eletrônicos de aviação, conhecidos como *avionics*.

Em 2017, a Boeing lançou o 737 MAX. A diferença em termos de performance desse novo modelo para seu antecessor era gritante: o avião tinha maior potência, mais autonomia, maior eficiência de consumo e era mais silencioso. A Boeing divulgou a quantidade de horas necessárias para o treinamento dos pilotos como um grande diferencial: um piloto já certificado no modelo anterior, o 737 700, receberia a certificação para o 737 MAX com menos de três horas de treinamento em um iPad.[11] Essa redução do custo para as empresas, que antes gastavam horas de treinamento em simuladores, foi um dos principais argumentos de venda: o site da Boeing prometia às companhias aéreas "ao montar sua frota 737 MAX, milhões de dólares serão economizados, em razão de suas semelhanças com os 737 de última geração".

O 737 MAX foi extremamente bem recebido pelo mercado. Vendeu 150 aeronaves em 2011 e 914 em 2012, tornando-se o produto de maior sucesso de vendas na história da Boeing, com 4.600 pedidos de compra de cerca de cem companhias aéreas em todo o mundo. Mas nem tudo funcionava bem nessa aeronave.

CRONOLOGIA (AVIAÇÃO COMERCIAL)

- **1916** —William Boeing fabrica o Modelo 1.
- **1917** — A Primeira Guerra Mundial coloca a Boeing como fornecedora das Forças Armadas Americanas.

---

[11] LAHIRI, Tripti. Pilots trained for Boeing's 737 Max airplane with "an iPad lesson for an hour". *Quartz*, 17 mar. 2019.

- **1933** — A Boeing lança o bimotor 247, com capacidade para quatorze passageiros, inteiro em metal e capaz de voar com apenas um dos motores.
- **1938** — A Boeing lança 307 Stratoliner, primeiro avião com cabine pressurizada.
- **1947** — A Boeing lança o 377 Stratocruiser, avião de passageiros com quatro motores e duas cabines de passageiros, econômica e primeira classe.
- **1957** — A Boeing lança o 707, seu primeiro avião comercial a jato.
- **1967** — A Boeing lança a linha 737, com assentos apenas para o comandante e o copiloto, sem o assento do engenheiro de bordo, e se torna um sucesso de vendas.
- **1970** — A Boeing lança o 747, que revolucionou o transporte aéreo civil.
- **1979** — A Boeing amplia mais uma vez a linha do 737 com as versões 300, 400 e 500.
- **1980** — A Boeing lança o jato 757.
- **1990** — A Boeing amplia mais uma vez a linha do 737 com as versões 600 e 700.
- **1997** — A Boeing compra a McDonnell's Douglas Corporation.
- **2000** — A Boeing lança o jato 777.
- **2010** — A Airbus lança o A320neo (New Engine Option), 15% mais eficiente que a versão anterior e um fortíssimo concorrente para a família 737.
- **2011** — Pela primeira vez, a American Airlines deixa de comprar da Boeing e fecha um contrato de 130 Airbus A320neo, com a opção de mais 365 unidades.
- **2015** — Para concorrer como o Airbus 320neo, a Boeing fica em dúvida entre lançar um avião completamente novo ou, mais uma vez, ampliar a linha do velho projeto 737.

- **2017** — Com seis anos de atraso, a Boeing lança mais uma ampliação da linha 737, com o modelo 800 MAX.
- **2018** — Em outubro, acontece o primeiro acidente fatal com um 737 MAX, da Lion Air, no voo 610, na Indonésia: 189 mortos.
- **2019** — Em março, menos de um ano depois, o segundo acidente fatal com um 737 MAX, da Ethiopian Airlines, voo 302: 157 mortos. Encontram sobra de materiais[12] (lixo industrial) dentro dos tanques de combustível dos KC 46 Pegasus.[13]
- **2020** — Os aviões 737 são proibidos de voar no mundo todo, são "aterrados",[14] na linguagem do setor. Sobras de materiais industriais (lixo industrial) também são encontradas nos tanques dos aviões 737 MAX.[15]

ANÁLISE DA CULTURA

A aquisição da McDonnell's Douglas, em 1997, na opinião de muitos analistas, iniciou a decadência da Boeing. Artigos e livros foram escritos sobre como a cultura de ganância financeira da McDonnell's Douglas foi aos poucos contaminando a Boeing. Em dezembro de 1996, ao comentar a intenção da Boeing de comprar a McDonnell's, o *New York Times* avaliava que, com essa aquisição, a Boeing seria "catapultada" à posição de maior empresa aeroespacial do mundo. Mas o mesmo artigo dizia também que "as consequências da fusão sobre funcionários, comunidades, concorrentes, clientes e investidores não serão conhecidas por meses, talvez anos".[16]

---

[12] FOD, no jargão da área: Foreign Objects Debris.
[13] WEISGERBER, Marcus. Boeing tankers still have debris: fix is "months, maybe longer away". *Defense One*, 17 jun. 2019.
[14] Estacionados em terra.
[15] JOLLY, Jasper; RUSHE, Dominci. Boeing 737 MAX: debris found in fuel tanks of grounded planes. *The Guardian*, 19 fev. 2020.
[16] BRYANT, Adam. Boeing offering $13 billion to buy McDonnell Douglas, last U.S. commercial rival. *The New York Times*, 16 dez. 1996.

A Boeing, tradicionalmente, sempre valorizou o engenho e a inovação, enquanto a McDonnell's priorizava o controle de custos e o retorno ao investidor. Mas, mesmo antes da aquisição da McDonnell's Douglas, a Boeing já demonstrava que sua cultura, que no passado era forte e saudável, dava sinais de perda de consistência. Na década de 1990, contratou cientistas para negar a existência de doenças do sistema imunológico em operários, causadas por inalação de produtos químicos usados em suas fábricas. Em outro campo, a revista *Business Week* revelou que a Boeing, por meio de "contabilidade criativa", inflara artificialmente seus ganhos, em dois trimestres em 1997, no valor total de US$2,6 bilhões, enganando os investidores no processo de aquisição da McDonnell's. A Boeing entrou na fusão com a McDonnell's com sua cultura fragilizada, permitindo que a empresa adquirida contaminasse a compradora.

Ao embarcar nos novos 737 MAX, os passageiros e até mesmo a tripulação ficavam impressionados com o acabamento e a tonalidade da iluminação interna. O silêncio da cabine nas decolagens era impressionante, principalmente a rapidez com que a aeronave atingia a altitude de cruzeiro. Os apaixonados por aviação perceberam que a fuselagem era idêntica à do primeiro 737, criado na metade do século XX, mas isso não incomodou muito. No entanto, até aquele momento, o avião parecia ser um sucesso.

Para concorrer com o Airbus 320N, a Boeing teve de instalar, no 737 MAX, motores modernos e mais potentes. Mas instalar motores mais potentes e mais pesados em uma fuselagem da década de 1960 era um grande desafio. Os engenheiros conseguiram fazer isso elevando os motores pouco acima das asas. Essa alteração deslocou o centro de gravidade e, consequentemente, toda a aerodinâmica do avião. O que seria equivalente a instalar um motor de uma Audi SQ5 de 340 cavalos em uma Kombi ano 1960.[17] Após a decolagem, se o piloto precisasse ter um ganho de altitude muito rápido, com uma inclinação forte, o bico do 737 MAX se inclinava para cima, muito mais que

---

[17] A título de curiosidade, Nelson Piquet, um apaixonado por mecânica, instalou em uma Kombi um motor V6 de Audi que funciona e está em seu hangar em Brasília com outras raridades automobilísticas maravilhosas de sua coleção.

sua aerodinâmica suportava, causando o que se chamava no jargão da área de *stall* ou estol,[18] ou seja, perda de sustentação.

Para corrigir esse efeito, os engenheiros da Boeing encontraram uma solução, um software. Foi aí que surgiu o tal MCAS,[19] cuja função seria ajustar automaticamente a inclinação, puxando o nariz para baixo, nivelando a aeronave. Com esse software, a aeronave funcionava muito bem, mas, em algumas situações, o sistema precisaria ser desativado pelos pilotos. Entretanto, ninguém contou aos pilotos que isso existia. O tal treinamento de apenas duas horas em iPad para um piloto ser certificado no 737 MAX não mencionava a existência do MCAS. Mesmo se fosse um excelente piloto, ele teria de ser muito rápido e ter sangue frio, pois só teria quatro segundos para retomar o controle. Após esse período de tempo, o comando da aeronave já estaria definitivamente sob o controle do MCAS. Mas, como o MCAS seria ativado apenas em circunstâncias extremas, a Boeing decidiu que os pilotos não precisavam de treinamento para desativar o sistema.[20] Acidentes provocados pelo MCAS eram só uma questão de tempo.

O primeiro foi com a Lion Air, voo 610 com 189 mortos, em 29 de outubro de 2018. O segundo foi o voo 302, da Ethiopian Airlines, deixando 157 mortos em 10 de março de 2019. Análises das caixas-pretas do voo 302 da Ethiopian Airlines comprovam que, dois minutos após a decolagem, ainda em plena ascendência, o MCAS entrou em atividade, assumindo o controle da aeronave. Por três vezes, o avião mergulhou de bico para baixo. Por três vezes, os pilotos, com incrível habilidade, verdadeiros heróis, conseguiram retomar o controle da aeronave até que, pela quarta vez, como nos filmes de ficção em que a inteligência artificial vence o ser humano, o aparelho foi derrubado a cerca de mil quilômetros por hora.

---

[18] Palavra em português para *stall*, perda da velocidade de sustentação, situação na qual o avião de fato está caindo, e não subindo, mas os pilotos não têm como perceber isso fisicamente, exceto pelos instrumentos.

[19] Maneuvering Characteristics Augmentation System.

[20] GATES, Dominic. Flawed analysis, failed oversight: how Boeing, FAA certified the suspect 737 MAX flight control system. *The Seattle Times*, 17 mar. 2019.

Segundo publicações técnicas de aviação[21] e publicações financeiras, como a VOX e a Bloomberg,[22] o MCAS está diretamente relacionado aos dois acidentes do 737 MAX. Meses antes, alguns pilotos norte-americanos já haviam se queixado do MCAS, alertando sobre possíveis riscos de o sistema de repente empurrar o nariz do avião para baixo, e usaram adjetivos como "inadequado e quase criminoso".[23] Textos técnicos sugerem que os pilotos poderiam desativar o MCAS, mas para isso precisariam ter recebido treinamento extenso e em simulador de voo, e não somente algumas horas em um iPad. Mas, em 2016, um ano antes do lançamento do 737 MAX, Mark Forkner, ex-piloto de testes da Boeing que testou o MCAS em simulador, disse que o software agia de maneira "desenfreada".[24]

O *New York Times*[25] publicou uma primeira estimativa de que o valor das indenizações dos dois acidentes aéreos e das companhias que deixaram de operar com o 737 MAX, somado ao valor dos pedidos cancelados, vai além de US$ 18 bilhões. Mas esse é apenas um cálculo inicial.

Logo após a interrupção da produção, um vazamento de e-mails trocados entre funcionários da Boeing foi publicado pela agência Reuters:[26]

- "O 737 MAX foi desenhado por palhaços, que, por sua vez, foram supervisionados por macacos."
- "Você colocaria sua família em um 737 MAX cujos pilotos foram treinados somente por iPad? Eu não."
- "Ainda não fui perdoado por Deus por ter encobertado as coisas que fiz nesse projeto no ano passado."

---

[21] THE BOEING 737 MAX Grounding. *FlightRadar24*, c2020.
[22] LEVIN, Alan. Being fixing new software bug on Max; key test flight nears. *Bloomberg*, 6 fev. 2020.
[23] ASPINWALL, Cary; GIORGI, Ariana; DiFURIO, Dom. Several Boeing 737 Max 8 pilots in US complained about suspected safety flaw. *The Dallas Morning News*, 12 mar. 2019.
[24] FOLKNER, Mark. Boeing says it regrets concerns over internal messages. *CBS Chicago*, 21 out. 2019.
[25] GELLES, David. Boeing expects 737 Max costs will surpass $18 billion. *The New York Times*, 19 jan. 2020.
[26] SHEPARDSON, David. Designed by clowns: Boeing employees ridicule 737 MAX, regulators in internal messages. *Reuters*, 9 jan. 2020.

- "Não sei como resolver esses problemas... É sistêmico. É cultura. Temos uma alta gestão que entende muito pouco sobre os negócios e ainda está nos pressionando a alcançar determinados objetivos."

Além de um software maligno e do treinamento insuficiente, outros problemas de controle de qualidade assombram a Boeing. Problemas que podem, eventualmente, se tornar fatais, como a presença de FOD[27] — termo utilizado tanto na aviação civil como na aviação militar para designar a presença nas aeronaves de materiais estranhos ou lixo industrial. Além de ferramentas convencionais, foram encontrados cabos, extensões elétricas e máquinas pneumáticas e furadeiras, e até mesmo uma escada dentro da cauda de um avião, perto das engrenagens do estabilizador horizontal. Um copiloto encontrou plástico bolha no pedal usado para controlar o avião, o que poderia travá-lo.

A Boeing teve 85 anos de excelência em engenharia, com os lançamentos dos 707, 727, 737 e 747. Quando adquiriu a McDonnell's Douglas Corporation, com os ativos vieram executivos que davam prioridade ao retorno financeiro.[28] O conselho da Boeing passou a prometer cada vez mais retorno aos seus acionistas, tornando-se cada vez mais dependente dos resultados advindos do 737. Ao fazer isso, atropelou os três primeiros valores originais da empresa: *Integridade*, *Excelência* e *Segurança*.

"Para os leigos, a definição de cultura é 'a maneira como fazemos as coisas por aqui'. A Boeing precisa reexaminar seus valores fundamentais", disse William Klepper, professor de administração na Columbia Business School, à revista semanal *Barron's*.

"Neste momento, eu chamaria os problemas da Boeing de problemas sistêmicos de cultura."

---

[27] Exemplos de acidentes fatais causados por FOD: um pedaço de pneu solto na pista causou o acidente com o Concorde, voo 4590 Air France, em 2000; a colisão de pássaros provocou o acidente com o Eastern Airlines Flight 375, em 1960.

[28] CATHPOLE, Dan. The forces behind Boeing's long descent. *Forbes*, 20 jan. 2020.

SINTOMAS DE CULTURA DOENTIA

- **Húbris corporativa** — A alta gestão criou dependência financeira de um único produto, o 737. Acreditou que poderia dar sobrevida a esse produto eternamente, confiou na lealdade eterna das companhias aéreas e não se preparou para enfrentar uma concorrência forte. Quando a Airbus surgiu, a Boeing demorou para reconhecer o poder do concorrente.
- **Inércia** — A Boeing demorou mais de seis anos até lançar um produto para concorrer com o Airbus 320neo e optou por dar sobrevida a um projeto ultrapassado, projetado em 1967.
- **Presença de intocáveis** — A alta gestão da Boeing tomou a decisão de lançar o 737 MAX com base em análises financeiras, e não em análises de engenharia, deixando de ouvir os especialistas da própria empresa.
- **DNA deixado de lado** — a essência da cultura foi jogada para escanteio ao serem colocados em primeiro lugar os resultados financeiros, e não os valores da empresa.

PERDA DE SINAL, PERDA DA LIDERANÇA — BLACKBERRY

CONTEXTO

A BlackBerry é mais uma empresa cuja decadência é equivocadamente vista como causada pela Apple ou pelo Google.

Nosso olhar, sob o enfoque da cultura corporativa, se dirige para como as pessoas pensavam e agiam no ambiente interno da empresa, em vez de focalizar as ações de seus concorrentes.

O Blackberry foi um produto da Research in Motion (RIM), empresa de tecnologia canadense. Foi o primeiro smartphone a se tornar símbolo de status, presente nas mãos de executivos e celebridades, como Kim Kardashian e Barack Obama — este foi, aliás, responsável pela principal propaganda espontânea que o Blackberry recebeu, Obama fazia questão de afirmar que dificilmente deixaria de usá-lo e, realmente, só deixou em 2016, por motivos de segurança técnica.

O smartphone Blackberry chegou a ter quase 50% do mercado norte-americano e 20% do mercado global, e foi o primeiro a ter um aplicativo de mensagens de texto, o BBM — um sistema próprio e fechado que seria o equivalente, em termos de popularidade, ao WhatsApp dos dias de hoje, guardadas as devidas proporções. Seu teclado era imbatível, com teclas de profundidade precisas, que reproduziam um som perfeito de digitação. Algumas pessoas que entrevistamos se recordam até hoje do som do teclado.

O produto era direcionado ao mercado corporativo e entregava tudo o que o pessoal de TI desejava na época: uma tela razoável, bateria com boa duração e acesso a e-mails e mensagens de texto. Era vendido nos pontos de vendas das operadoras de telefonia ou pelo canal corporativo. A RIM tinha como princípio desenvolver tudo internamente — hardware, firmware e software, o que é chamado nesse setor de *First Party*. Tinha tudo para estar até hoje entre os maiores players do mercado, mas, infelizmente, a empresa desapareceu.

CRONOLOGIA

- **1984** — Mike Lazaridis e Doug Fregin fundam a Research In Motion Ltd. (RIM) em Waterloo, Ontário.
- **1988** — A empresa fornece tecnologia para a IBM, a GM e a produção de filmes. Mike Lazaridis e Dale Brubacher-Cressman recebem o Oscar de Realização Técnica por desenvolver o DigiSync Film Keykode Reader, um sistema de edição de filmes.
- **1989** — Um pedido de um programa de mensagem de texto da companhia telefônica Rogers, atual Rogers Wireless, coloca a RIM no mercado de telefonia.

- **1992** — Mike Lazaridis contrata Jim Balsillie para a área comercial, e juntos passam a comandar a RIM. A partir desse momento, a RIM teria dois CEOs.
- **1999** — A RIM lança o 850 Pager, com serviço de e-mail, primeiro dispositivo sem fio sincronizado com sistemas de e-mail corporativo.
- **2000** — A RIM lança o 957, considerado na época um "pager inteligente". As vendas crescem 80%, a receita chega a US$221 milhões.
- **2002** — A RIM lança o Blackberry 5810, com teclado.
- **2003** — A RIM lança o Blackberry 7230, considerado o verdadeiro smartphone.
- **2004** — A RIM lança o Blackberry 7100t e ultrapassa a marca de 1 milhão de usuários.
- **2005** — O Blackberry sofre a primeira interrupção de transmissão de dados e voz por problemas técnicos.
- **2006** — A RIM lança o Blackberry Pearl 8100, com o *Trackball*.
- **2007** — A RIM lança o Blackberry 8300 e passa de 10 milhões de assinantes. O Blackberry sofre a segunda interrupção de transmissão de dados e voz por problemas técnicos. A Apple lança o iPhone.
- **2008** — A RIM lança o Blackberry Storm 9530, com *touchscreen*, um tremendo fracasso.
- **2009** — A participação da BlackBerry no mercado global é de 42%. O Blackberry sofre a terceira interrupção de transmissão de dados e voz por problemas técnicos.
- **2010** — A RIM lança o Blackberry Torch 9800 (com teclado deslizante) e o Blackberry Style 9670 (*flip*). A Apple lança o iPhone 4 e o Google lança o Nexus One.
- **2011** — A RIM lança o Blackberry Bold 9930 e o Tablet PlayBook, com falhas de funções básicas. No mesmo ano, a empresa não atinge sua meta de receita trimestral e anuncia que cortará mais de 10% de sua força de trabalho e a recompra de ações. O Blackberry sofre a quarta interrupção de transmissão de dados e voz por problemas técnicos.

- **2012** — Lazaridis e Balsillie são demitidos, após anos de queda de participação de mercado, atraso nos produtos e falhas no tablet Blackberry PlayBook.
- **2013** — A RIM lança o Blackberry Z10. A participação da BlackBerry no mercado cai para 3,8%.
- **2016** — A BlackBerry anuncia que não fabricará mais smartphones, passando a fornecer software e serviços corporativos.
- **2020** — A participação da BlackBerry no mercado é 0,1%.

ANÁLISE DA CULTURA

Em um avião, o comandante ocupa o assento esquerdo na cabine de comando, e o primeiro oficial, seu auxiliar, ocupa o assento direito.[29] Agora imagine um avião cuja cabine, em vez de ter um comandante e um primeiro oficial, tenha dois comandantes, cada um com ideias próprias quanto ao destino, com planos de voos diferentes e orientações contraditórias para a tripulação. Enquanto um comanda o manche para o avião subir, o outro comanda o avião para descer. Um vira para estibordo enquanto o outro se esforça para manter o avião na linha reta. Um comandante anuncia: "tripulação, portas em automático!", enquanto o outro anuncia: "tripulação, pouso autorizado!" E se eventualmente a porta da cabine estivesse aberta, seria possível ouvir uma discussão com gritos lá dentro.

Como você se sentiria se estivesse nesse voo? Pode parecer absurdo, mas a alta gestão da RIM era exatamente assim: tinha dois CEOs. Jim Balsillie era responsável pela área comercial, e Mike Lazaridis, pelo desenvolvimento de produtos.

Durante alguns anos, enquanto as vendas estavam indo de vento em popa e não havia nenhuma ameaça no mercado, esse sistema de duplo comando funcionou relativamente bem. Todas as terças-feiras havia uma reunião tradicional entre os dois CEOs e seus respectivos times, do início da

---

[29] Ambos são frequentemente chamados de piloto e copiloto, o que não é a terminologia correta.

manhã até o final do dia. Era um momento de sinergia e até de brainstorming. Contudo, pouco antes do Blackberry começar a perder mercado, esse duplo comando sem alinhamento transformou a RIM, na prática, em duas empresas, com dois silos de cultura.

Aos poucos, as pessoas passaram a se enfrentar em um ambiente de trabalho cada vez mais hostil. As reuniões se tornaram tensas, e o principal ponto de atrito entre as duas lideranças era a qualidade dos produtos. O time de vendas de Balsillie chegava às reuniões ao meio-dia, depois de ter visitado os clientes pela manhã, e já chegava carregado de reclamações das operadoras quanto aos produtos. Eles diziam que não atingiriam suas metas por causa dos problemas de qualidade e contaminavam seus pares da engenharia em reuniões separadas. "Aquilo virou uma briga de bodes", disse Don Morrison,[30] COO na época. Faltava Accountability: ninguém assumia responsabilidade por nenhum problema.

Esse clima tenso iniciado na alta gestão com reflexo nos níveis mais baixos provocou perda de confiança generalizada e uma enorme rotatividade. Um artigo na revista *The Atlantic*[31] trouxe uma série de depoimentos anônimos de funcionários da RIM, entre eles o de uma colaboradora da época, que disse: "Perdi a confiança. Eu me escondo atrás de minhas atribuições, me mantenho ocupada, mas minha paixão foi minada. Eu sei que não sou a única, é um sentimento generalizado."

O problema da rotatividade era agravado pelo fato de a RIM não ter tido uma Fábrica de Líderes nem um Programa de Sucessão, e também por não incentivar o crescimento interno; pelo contrário, procurava contratar sempre líderes de fora, como se isso fosse resolver o problema. Além do enorme dano causado pela ausência de uma Voz de Dono única, a cultura também sofria de húbris corporativa.

---

[30] McNISH, Jacquie; SILCOFF, Swan. *Losing the signal*: the spectacular rise and fall of BlackBerry. New York: HarperCollins Publishers, 26 de Maio de 2015

[31] ESTES, Adam Clark. Anonymous employees say working at BlackBerry is a nightmare. *The Atlantic*, 1 jul. 2011.

Bastava ir ao mercado e observar como o consumidor estava interagindo com o touchscreen do iPhone e do Nexus. A RIM não fez o exercício de procurar ter a visão do concorrente, fazer perguntas como: "Por que será que a Apple e o Google não desenvolveram teclados e migraram direto para o touchscreen?" Jim Balsillie, CEO da RIM, disse, diante do lançamento do iPhone em 2007: "É mais um participante em um espaço que já está muito ocupado, e com muitas opções de escolha para os consumidores. É um bom produto, mas dizer que será uma ameaça para o Blackberry, acho que é exagero."[32] Além de se fechar para dentro de si, a RIM ignorou os alertas que a Intel fez em 2009 sobre o início movimento BYOD[33] (*Bring Your Own Device*, ou Traga o Próprio Aparelho), quando as empresas começaram a permitir e, posteriormente, incentivar que o colaborador comprasse e levasse o próprio equipamento pessoal para o ambiente corporativo.

O BYOD foi o início do movimento em que o produto corporativo se funde com a necessidade do consumidor, mudando radicalmente o decisor da compra. O produto utilizado no ambiente de trabalho, cuja escolha era exclusivamente da empresa, passou a ser uma escolha direta do colaborador. A RIM não tinha uma rede própria de varejo, como a Apple Store, por exemplo, que começou a abrir suas primeiras lojas em 2001, nem tinha uma plataforma digital como a do Google, com uma base gigantesca de usuários. Quando a RIM acordou para isso, já não havia mais tempo para construir um canal de relacionamento direto com o consumidor. Ela até tentou abrir lojas exclusivas, mas era tarde.

A RIM também deu as costas para as *Third Party*, empresas parceiras que desenvolvem tecnologia, software ou parte do hardware. Com esse traço de húbris corporativa, pretendendo desenvolver tudo internamente, a RIM tornou-se lenta e ineficiente. Demorou para entrar com o touchscreen e, quando o lançou, a interface da tela com o sistema operacional tinha tantos defeitos que acabou se tornando uma enorme frustração para os poucos consumidores que ainda eram fiéis à marca.

---

[32] VARA, Vauhini. How BlackBerry Fell. *The New Yorker*, 12 ago. 2013.
[33] Bring Your Own Device (BYOD) — na realidade, o termo pegou carona na expressão que já existia socialmente, BYOB (Bring Your Own Bottle or Beer, ou traga a própria garrafa, ou cerveja).

SINTOMAS DE CULTURA DOENTIA

- **Ausência da Voz do Dono** — Ausência de um comando único, um único líder. Vários líderes resultam em muitos comandos, em Vozes de Donos que confundem e diluem a influência da liderança.
- **Húbris corporativa** — Manifestada pelo desinteresse pela concorrência e por querer desenvolver tudo internamente.
- **Ausência de sucessores** — Sem uma Fábrica de Líderes e um Programa de Sucessão, a RIM propiciou a entrada de líderes que descaracterizaram ainda mais o pouco de cultura que havia.
- **Presença de intocáveis** — Faltou humildade para que a área de Mike Lazaridis reconhecesse os defeitos a tempo de corrigi-los.

CAPÍTULO 5

NÍVEIS DE CULTURA

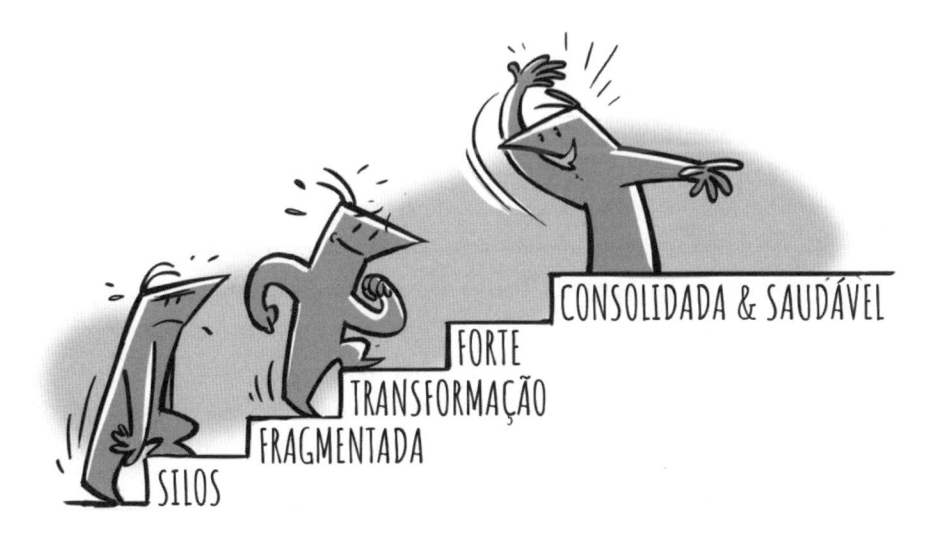

> "Cultura é o que as pessoas pensam, acreditam e fazem."
> Satya Nadella

FAMILIARIDADE, PROXIMIDADE

Para uma boa compreensão deste tópico, é importante resgatar alguns conceitos básicos da neurociência, os quais estão relacionados à nossa capacidade de interagir socialmente, como a autoproteção, a familiaridade e a proximidade. A região do cérebro que processa nossa capacidade de se relacionar com os outros está localizada no sulco temporal superior, localizado no lóbulo temporal: a *familiaridade* e a *proximidade*.

1. **Segurança**

    O sistema límbico, em particular a amígdala, vigia permanentemente o ambiente em nossa volta; toda vez que a mente avalia que pode estar sendo ameaçada, ela coordena comandos instintivos que entram em ação, nos afastando de potenciais ameaças. Para processar relacionamentos sociais com qualidade, a amígdala precisa "validar" que o ambiente está seguro.

2. **Familiaridade**

    A mente priorizará o relacionamento estabelecido com as pessoas com quem já está acostumada a ver e a ouvir, ou seja, rostos e vozes conhecidos. Pessoas que nossa mente classifica como conhecidas e familiares receberão um tipo de sinal verde do cérebro para confiar e interagir. Já aquelas que não fazem parte do nosso relacionamento cotidiano receberão um alerta, independentemente de trabalharem na mesma empresa, usarem o mesmo uniforme ou terem o mesmo crachá. A exceção é se forem seus superiores. Para essas pessoas "diferentes", o comando que nosso cérebro envia é para ter cuidado, por serem uma possível ameaça; nesses casos, a comunicação será tão restrita quanto possível e as interações serão coordenadas com cautela, até que essas pessoas "diferentes" passem a ser familiares.

    - **Curiosidade:** Até a década de 1990, era comum ter na porta de entrada de alguns setores ou departamentos de uma empresa uma placa com a seguinte frase: "É expressamente proibida a entrada de pessoas estranhas." Mas como poderia haver "pessoas estranhas" se todos que circulavam ali eram colaboradores da mesma empresa? A frase provavelmente foi criada por algum chefe de departamento que um dia ficou irritado com a entrada de pessoas de outras áreas. Ao escrever essa frase, ele provavelmente, sem se dar conta, não estava criando uma regra de produtividade, mas dando vazão a um impulso neurológico pessoal.

3. **Proximidade**

A mente trabalha melhor com elementos que ela consegue ver e interagir pessoalmente. Uma pessoa que precisa interagir com outra que esteja em outra base de trabalho um pouco mais afastada, independentemente da distância, já é o suficiente para que a mente classifique esse contato como um relacionamento menos importante do que aqueles que fazem parte da rotina.

- **Curiosidade:** Um dos conceitos do marketing convencional vem da frase: "Quem não é visto não é lembrado." Esse conceito foi criado por profissionais de propaganda, porém, tem mais fundamento neurológico do que se imagina.

CINCO NÍVEIS DE CULTURA
CULTURA DE SILOS

O termo *silo* vem do agronegócio. Silos são reservatórios fechados, estruturas de alumínio ou concreto usadas para o armazenamento de grãos, mantendo-os estocados, conservados e protegidos até o momento de ser transportados.

Adotamos esse termo por analogia com o que acontece no mundo corporativo, no qual, em vez de grãos, as empresas armazenam crenças, comportamentos, atitudes, emoções inconscientes, processos e maneira de trabalhar — que podem ser diferentes em cada área de uma mesma empresa.

Efeito nocivo desse nível: os silos freiam qualquer tentativa de transformação da cultura. Preferem que nada mude, que tudo fique exatamente como está. O modelo mental do silo rejeita misturar-se aos outros. Nos silos, a fofoca é um estilo de comunicação importantíssimo para o grupo se autoproteger dos outros. Uma empresa conivente com a presença de silos dificilmente terá uma cultura consolidada.

Cinco gatilhos que disparam a formação de silos:

1. **Layout físico** — Um dos maiores desafios de uma empresa é fazer com que a colaboração com outras áreas flua de maneira genuína. E, nisso, a arquitetura tem um impacto enorme. A disposição das áreas de trabalho influencia o engajamento das pessoas. Sem engajamento, a colaboração fica bem restrita. Ambientes fechados, posições de trabalho fixas, tons apagados e salas sem luz natural são apenas algumas das características de um layout que, além de não incentivar a colaboração com outras áreas, afeta o clima das pessoas.

2. **Unidades remotas ou distanciamento físico** — É uma condição muito comum em empresas que alocam o corporativo em uma cidade e suas filiais em outras localidades, espalhadas pelo mesmo país ou por países diferentes, em alguns casos agravada pelo afastamento geográfico e até pelo fuso horário. Às vezes, uma pequena distância, como o corporativo ser dividido em dois andares diferentes, já é o suficiente para as pessoas se organizarem inconscientemente em silos.

3. **Rotatividade** — Ao entrar em uma nova empresa, o colaborador busca pertencimento. Naturalmente, o primeiro grupo que abre as portas para que isso aconteça será sua própria área de trabalho, seu departamento. Se essa área já for um silo fechado, esse novo colaborador fará parte dele, perpetuando o círculo vicioso de formar relações sociais com os próprios colegas da área.

4. **Operações complexas** — Empresas com divisões técnicas, como indústrias ou laboratórios, têm tendência maior ao surgimento de silos nessas áreas, em razão da identificação dos profissionais especializados, da linguagem carregada de jargões ou termos técnicos.

5. **Multi-idioma** — Quanto mais idiomas forem utilizados no dia a dia da empresa, maior o número de barreiras na comunicação e, consequentemente, maior a probabilidade de surgirem silos formados pelos nativos de cada idioma.

Os gatilhos descritos são desafios que fazem parte da realidade de muitas empresas, mas não são barreiras para uma liderança que decide realmente consolidar uma cultura. A prova disso é que algumas empresas com todas as condições para a formação de silos conseguiram consolidá-las. Um bom exemplo disso é a The Walt Disney Company.

A Walt Disney tem distanciamento, rotatividade, unidades remotas, operações complexas e multi-idioma.

- **Unidades remotas ou distanciamento físico:** Há pessoas trabalhando no mesmo parque, mas distantes entre si, tanto na superfície quanto no subterrâneo, dentro dos túneis operacionais. Além disso, são diversas divisões corporativas, doze parques temáticos em seis locações diferentes: Flórida, Califórnia, Tóquio, Paris, Hong Kong e Xangai. Opera com cruzeiros marítimos com a Disney Cruise Line em quatro navios: Disney Magic, Disney Wonder, Disney Dream e Disney Fantasy.
- **Rotatividade:** De acordo com o sindicato, a rotatividade anual nas funções operacionais fica entre 30% e 40%.
- **Operações complexas:** A Disney tem 300 restaurantes; 28 hotéis próprios; opera com segurança diversos tipos de transportes terrestres, marítimos e ferroviários; produz fantasias — 1,8 milhão de peças de uniformes e roupas dos personagens; produz shows e filmes; e também atua com educação corporativa, a Universidade Disney, que oferece ao público cursos de liderança, hospitalidade e criatividade & inovação. Além das divisões (The Walt Disney Studios; Disney Media Networks; Disney Parks, Experiences and Products; Walt Disney Direct-to-Consumer & International), cada uma delas tem suas próprias subdivisões, como Walt Disney Imagineering.
- **Multi-idioma:** A empresa contrata colaboradores de diversas partes do mundo.

Essa empresa tem, portanto, todas as condições para apresentar sérios problemas com silos. Mas, se tem, aparentemente isso não afeta a qualidade de seus serviços nem impacta negativamente a experiência de seus clientes, ou *guests*. O fato de não ter silos culturais não significa que a corporação seja um modelo de cultura. Trata-se de uma empresa complexa, com crescimento consistente nas últimas décadas, avaliada hoje em US$235 bilhões. Mas recebe duras críticas por parte dos sindicatos, com adesão de alguns acionistas, em especial da herdeira Abigail Disney, em razão dos baixos salários pagos aos funcionários. Além disso, existem particularidades na Disney que a tornam única no mundo.

CULTURA FRAGMENTADA

A cultura fragmentada ocorre quando parte da filosofia corporativa é vivenciada, mas a outra parte, não. Por exemplo, os valores são lembrados e vivenciados, mas o mesmo não ocorre com a visão, a missão, nem mesmo com o manifesto. Ou, ainda, quando toda a cultura — propósito, visão, missão e valores — está bem disseminada no corporativo, mas é dispersa nas operações ou nas filiais espalhadas pelo país. Não é raro encontrar uma empresa que tem as características de fragmentada e também as de silo, simultaneamente.

"A vida em primeiro lugar" era um dos seis valores corporativos de uma empresa em que trabalhamos intensamente por algum tempo. Esse valor, por sinal maravilhoso, estava escrito em painéis em todas as operações que visitamos, como também era espontaneamente repetido pelos colaboradores com muita motivação, independentemente de seu nível hierárquico. Isso nos impressionava, porque os colaboradores passavam a impressão de trabalhar em um ambiente seguro, e o sentimento com relação à empresa parecia ser de grande admiração.

No entanto, quando perguntávamos sobre os outros cinco valores, as pessoas não sabiam quais eram. Tinham de pegar seus crachás e ler a lista completa, no verso. Ficamos intrigados com esse fenômeno e passamos não só a desconfiar do amadurecimento daquela cultura, como também a nos perguntar até que ponto o valor mais repetido, "a vida em primeiro lugar", era de fato sustentável. Chegamos a duvidar que esse valor, isoladamente, tinha força suficiente para blindar a empresa de futuros acidentes com fatalidades.

Anos depois, essa empresa infelizmente se tornou protagonista de um dos maiores acidentes com fatalidades no Brasil. Ainda temos contato com o pessoal de lá e notamos que aquele sentimento forte de admiração, infelizmente, se transformou em sentimento de indignação.

É muito comum a alta gestão ter uma percepção local e relativamente distorcida da organização como um todo. Como o escritório corporativo geralmente é mais bem cuidado do que a operação ou as filiais, em termos de arquitetura, de peças de comunicação interna, tanto o CEO quanto o próprio RH podem ter a sensação de que, no que toca à cultura, a lição de casa está feita. Mas na verdade a cultura pode estar fragmentada.

TRANSFORMAÇÃO

Neste nível se encaixa a empresa que entendeu que a cultura é importante, sabe que ela tem um papel fundamental nos resultados, mas ainda não tem certeza exatamente do que deve ser feito. Tem diversas iniciativas para desenvolver a liderança, porém todas descoordenadas com o processo de consolidar a cultura. É como se algumas pessoas estivessem em uma sala totalmente escura, tentando encontrar nas paredes os interruptores para acender as luzes.

A empresa tenta, por meio da arquitetura e adotando um layout mais favorável à interação entre as pessoas, mas não alinha essa ação com comportamentos relacionados a seus valores e princípios, então todo esse investimento passa desapercebido por boa parte dos colaboradores como um dos movimentos de consolidação de cultura.

Ela realiza um evento anual cujo tema principal é a cultura, mas no ano seguinte não dá continuidade e traz outro tema. Investe uma verba significativa em desenvolvimento com a liderança, porém desenvolve o hábito de comprar novidades em termos de conteúdo. Cada ano contrata temas da moda — como liderança ágil, líder servidor, intraempreendorismo, empresa enxuta, líder coach, experiência do cliente, implantação de *squads* —, mas não coordena nenhuma dessas frentes com o processo de consolidação cultural. Atualiza a cultura, revendo os elementos de visão, missão e valores, mas deixa de lado políticas importantíssimas de gente & gestão. Insere valores que exigem retidão, como pensamento de dono moral, mas não atualiza o código de conduta com regras de gestão por consequência ou de desligamento por justa causa.

Claro que todas essas ações sempre acabam deixando um resíduo positivo, mas a mensagem que o grupo registra, inconscientemente, é:

1. A alta gestão não sabe como alinhar a cultura com a estratégia.
2. A alta gestão não sabe exatamente o que exigir da liderança.
3. Como todo ano há sempre uma novidade em termos de liderança, nenhum conceito de liderança é definitivo; portanto, não há necessidade de mudar.

Apesar de estarmos descrevendo um caos, em que a empresa parece estar atirando para todos os lados, é importante destacar que esse nível, o de *transformação*, é muito mais saudável do que níveis anteriores, de *silo* e de *cultura fragmentada*, porque de alguma forma o grupo está sendo estimulado.

CULTURA CONSOLIDADA

Neste nível, a empresa já saiu da fase de dar tiros para todos os lados e vem obtendo resultados consistentes há algum tempo. Encontrou um caminho coerente para se desenvolver, não perdeu o ritmo e conseguiu amadurecer seus processos de gestão de cultura.

Neste estágio, a empresa é intolerante com a presença de silos. Também está mais atenta com relação a fragmentações dos elementos da filosofia corporativa, não aceitando que seus valores sejam traduzidos e interpretados de forma diferente em cada área. Além disso, a empresa conseguiu fazer com que os comportamentos, as atitudes das pessoas, se entrelacem com a cultura, com os processos e os sistemas, gerando resultados consistentes.

NÍVEIS DE CULTURA

Para uma cultura ser tida como consolidada, sugerimos cinco critérios:

1. Os resultados operacionais e financeiros estão consistentes por cinco anos ou mais.
2. O ego e a inércia não fazem mais parte do modelo mental da liderança.
3. A cooperação e a colaboração entre as áreas ocorrem de maneira genuína.
4. Os comportamentos e as atitudes estão em coerência com os valores e princípios.
5. Os três pilares da sustentabilidade — o financeiro, o social e o ambiental — são respeitados.

É preciso atenção ao avaliar essa última condição, pois resultados consistentes podem tanto refletir uma excelente gestão como ser provocados por um bom momento na economia ou pela falta de competidores agressivos.

Resultados consistentes não significam necessariamente que a missão de evoluir a cultura foi totalmente cumprida. Há diversos casos em que a empresa dá excelentes resultados, paga bônus, oferece um pacote de benefícios muito atraente, mas tem uma quantidade enorme de ações trabalhistas e há rumores no mercado que desmentem que seja "uma das melhores empresas para se trabalhar".

Resultado consistente é importante, mas não é tudo. Algo pode dar errado. Mas o que poderia dar errado se os resultados são consistentes? Tudo. Tudo pode dar errado com uma empresa que foca somente o resultado e deixa de lado o ambiente e o clima. Sem ambiente e clima, o crescimento não se torna sustentável, e a cultura, que era consolidada, pode retroceder e entrar em decadência.

Efeitos nocivos desse nível: entre todos os níveis de cultura listados até aqui, talvez o *C-Level* seja o mais desafiador, porque os resultados são bons; por isso ele passa a sensação de que tudo está indo muito bem. Mas atitudes e sentimentos inconscientes não cabem em uma planilha de Excel. Sem um ambiente saudável e um bom clima, as atitudes e as emoções inconscientes vão derrubar o senso de pertencimento, e o *C-Level* terá muita dificuldade em reconhecer onde está errando.

Algumas empresas ficam despreocupadas quanto ao duo ambiente e clima, porque seu negócio está de certa maneira protegido, por ser um monopólio ou por ter o governo como sócio. No entanto, se sua empresa não se encaixa nessas condições, ambiente e clima devem fazer parte da pauta. Depois da decadência, fica difícil resgatar a credibilidade dos colaboradores.

Para o investidor de curto prazo, que busca resultados imediatos, tanto faz se a cultura é saudável ou não. Mas para os investidores preocupados com o futuro das pessoas e do planeta, o que se passa dentro de uma empresa é absolutamente relevante. Cedo ou tarde, a informação sobre ambiente e clima acaba vazando pelas redes sociais ou por sites especializados, por meio de relatos diretos dos colaboradores.

O site GlassDoor, por exemplo, traz anualmente rankings das empresas mais bem avaliadas por seus colaboradores e também as piores, usando uma classificação de 1 a 5. Lá é possível encontrar empresas com grande faturamento, que aparentemente poderiam ser consideradas consolidadas, avaliadas por seus colaboradores com notas baixas, em torno de 2,5.

CULTURA CONSOLIDADA E SAUDÁVEL

Este é o último estágio de consolidação da cultura organizacional e merece, por sua importância, um capítulo próprio, para descrever detalhadamente seus elementos e seus benefícios.

CAPÍTULO 6

PERTENCIMENTO, RELIGIÃO E CULTURA

Este assunto pode ser delicado. Talvez você se sinta incomodado em ver a religião, um tema espiritual, associada à cultura corporativa, um tema mundano.

Mas não se preocupe porque não trataremos da fé, nossa abordagem é embasada na sociologia e na psicologia. Nós nos concentraremos em um dos fenômenos mais intrigantes da humanidade: a necessidade de *pertencer*. De fazer parte de um grupo de pessoas que compartilham as mesmas crenças.

Unir dois temas de natureza tão diversa tem um único objetivo: expandir nossa compreensão sobre cultura, que é um tema novo que passou a ser estudado muito recentemente,[1] e como religião é um tema milenar.

---

[1] A primeira citação foi em 1965, mas o estudo começou a ser sistematizado a partir de 1985 por Edgar Schein.

Exatamente por isso, a religião está há muito tempo presente no inconsciente coletivo das pessoas; mesmo quem não é praticante tem certo conhecimento do que se trata e de como um líder religioso deveria agir. Ela difere da cultura, pois nem todos os líderes sabem descrever perfeitamente quais são os elementos da filosofia corporativa e muito menos qual deveria ser seu verdadeiro papel no processo de consolidação da cultura.

PERTENCIMENTO

O pertencimento é a essência das religiões e também a essência da cultura organizacional. Fizemos uma breve introdução a esse conceito no Capítulo 1.

O ser humano tem necessidade biológica e neurológica de *pertencer* a um grupo, qualquer grupo. A identidade individual de cada pessoa é forjada por seus relacionamentos grupais. Somos animais sociais, precisamos viver em grupo, o isolamento provoca estresse. A pandemia provocada pela Covid-19 comprovou o quanto o isolamento afeta o ser humano.

Quem não consegue ser aceito em um grupo tem maior tendência a desenvolver pensamentos paranoicos e suicidas. De acordo com uma pesquisa conduzida pela San Francisco State University, pessoas que sofreram rejeição por parte da família — tanto pais biológicos quanto adotivos ou cuidadores — durante a infância e a juventude apresentaram oito vezes mais chances de cometer suicídios, seis vezes mais chances de desenvolver depressão profunda, três vezes mais chances de se tornar usuárias de drogas e três vezes mais chances de contrair doenças sexualmente transmissíveis em comparação com aqueles que se sentiram acolhidos nessa fase da vida.

Pertencer a um grupo permite que a pessoa se expanda além de seus limites, conferindo sensação de proteção e continuidade. Inconscientemente, todo ser humano entende que estar só é arriscado e que em grupo terá mais chances de viver uma vida significativa. Pertencer é imprescindível para que cada pessoa viva melhor e por mais tempo. Em grupo, nós nos sentimos protegidos.

Em seu livro *Our Search for Belonging* ("Nossa Busca por Pertencimento", em tradução livre), Howard Ross, pesquisador de inclusão social, destaca quatro características de pertencer a um grupo:

1. **Identidade compartilhada** — Nós nos identificamos com as outras pessoas.
2. **Compartilhamento dos mesmos valores** — Podemos não concordar em tudo, mas compartilhamos um conjunto de valores, e isso nos conecta.
3. **Destino compartilhado** — É a crença de que, se algo acontecer comigo, também acontecerá com o grupo como um todo. E se algo acontecer a algum membro do grupo, acontecerá comigo também.
4. **Interdependência** — De alguma forma, direta ou indiretamente, nós confiamos em cada indivíduo do nosso grupo, dependemos de cada um e apoiamos cada um.

RELIGIÃO

Há cerca de 4.200 religiões no mundo. Para este estudo, escolhemos como referência as três principais religiões monoteístas: o judaísmo, o cristianismo e o islamismo.

Por mais diferentes que possam parecer, essas três religiões possuem diversos pontos absolutamente em comum. Visando ao objetivo deste capítulo, que é expandir nossa percepção sobre cultura, destacaremos apenas sete nos quais as empresas deveriam se espelhar para consolidar mais rapidamente suas culturas. São eles:

1. Um Deus único.
2. Textos sagrados.
3. Algo maravilhoso ainda está para acontecer.
4. Pecados mortais.
5. Missionários próprios.
6. Rituais.
7. Storytelling.

Para cada um deles, vamos fazer uma breve apresentação, seguida de uma transposição do conceito para o cenário do mundo corporativo, trazendo, na medida do possível, casos concretos que lhe permitam sair do plano teórico e adaptar nossas comparações para sua realidade empresarial.

1. UM DEUS ÚNICO

O seguidor de uma religião monoteísta crê em um Deus único e jamais aceitará a possibilidade de que haja outro. O fiel **sabe**, sem questionamento ou dúvida, que seu Deus é o único verdadeiro. Alguém pode até tentar convertê-lo a acreditar em outra religião, mas o verdadeiro fiel dificilmente mudará sua crença.

A fé inabalável estabelece uma base sólida de ligação dentro de uma religião e entre seus praticantes. O fiel não compara sua religião a outras, pois sabe que somente a sua é verdadeira. Essa convicção é a pedra fundamental para que sejam aceitos seus símbolos e rituais.

Ao fiel seguidor de uma religião monoteísta, Deus oferece a bênção e a promessa da vida após a morte, em troca o fiel deve desenvolver sentimentos de **gratidão**, **respeito** e **admiração** ao seu Deus.

GRATIDÃO, RESPEITO E ADMIRAÇÃO NO AMBIENTE CORPORATIVO

Não há nada de errado em admirar a empresa em que trabalhamos e ter orgulho de sua marca. Esse sentimento é espontâneo em alguns países. Na Coreia e na China, é muito comum colaboradores realizarem casamentos no auditório corporativo, demonstrando com isso sua ligação afetiva com a empresa. Não estamos sugerindo realizar casamentos nas empresas, é apenas um exemplo de pertencimento. No Japão e na Coreia, referências em termos de produtividade, é comum cantar o hino da empresa pela manhã com a mesma empolgação, com o mesmo respeito e orgulho, que o hino nacional é entoado em eventos esportivos. No Brasil, algumas empresas que se identificam com o modelo de gestão nipônico também adotam esse hábito.

Ampliando o conceito de "um único Deus", é importante destacar que raramente há neutralidade ou equilíbrio emocional nas relações no ambiente corporativo. A tendência é a polarização, ou seja, para cada sentimento surgirá outro sentimento antagônico. Se os líderes não encorajam seu time a ter gratidão, respeito e admiração pela empresa, a lacuna deixada por sentimentos poderá ser preenchida por lideranças informais, por emoções opostas como ingratidão, desrespeito e descaso.

Um caso de ingratidão. Em um escritório de design, os dois sócios-proprietários distribuíram, no final de 2019, espontaneamente, sem que nenhuma promessa tivesse sido feita, um bônus equivalente a um 14º salário para todos os dezessete colaboradores da empresa.

Dos colaboradores beneficiados, somente dois tiveram a iniciativa de procurar os sócios e agradecer. E os outros 15? O que eles pensaram? Talvez pensaram que eram merecedores desse 14º salário. Talvez pensaram que o que os sócios fizeram não era mais que a obrigação deles. Não sabemos o que se passou na mente daquele grupo, mas o que sabemos é que um dos sócios nos confidenciou que não pretende mais ter uma iniciativa assim.

Um caso de desrespeito. Em um encontro trimestral para a apresentação de resultados em uma grande multinacional, presenciamos um comportamento desrespeitoso por parte de uma executiva. Enquanto o CEO apresentava os resultados parciais do ano, em um auditório com cerca de duzentos participantes, essa funcionária permaneceu o tempo todo com seu notebook aberto. Estávamos sentados na fileira logo atrás dela, não tinha como não perceber o que ela estava fazendo. Primeiro, ela entrou em um site de compras, no qual escolheu um roupão de banho de cor escura. Depois passou a navegar em uma rede social, curtindo posts.

Em empresas de cultura consolidada de alta performance, a gratidão, o respeito e a admiração fazem parte da cultura, e esse comportamento jamais seria tolerado. Ninguém nem pensaria em levar um notebook para a apresentação do CEO. Se levasse, a pessoa seria advertida pelos próprios pares no momento que o abrisse.

2. TEXTOS SAGRADOS

Toda religião tem seu conjunto de textos. Alguns são sobre a origem da religião, com explicações de como tudo começou. Outros são conceituais, descrevendo crenças e valores. Outros, inspiracionais, com relatos de vitórias sobre o inimigo ou de proteção divina. No judaísmo, o texto sagrado é a Torá, que em hebraico significa *ensinamento* ou *instrução*, que é composta de cinco livros. No cristianismo, a Bíblia, que em grego significa *livro*, é formada por 73 livros na versão católica, ou 66 livros na versão protestante. No islamismo, o Alcorão, que em árabe significa *declamar* ou *recitar*, é organizado em 114 capítulos.

NO AMBIENTE CORPORATIVO

As empresas deveriam levar a sério a filosofia corporativa, quase que da mesma maneira que as religiões levam a sério seus textos sagrados. Filosofia corporativa é um conjunto de elementos formado pelos seguintes textos: DNA, sonho ou visão, missão, valores, princípios, propósito, manifesto, código de conduta e canal de denúncia. Neste capítulo, esses elementos estão sendo mencionados como analogia aos textos sagrados das religiões, mas serão aprofundados no Capítulo 7.

Por mais estranho que possa parecer, agrupar o código de conduta e o canal de denúncia com os demais elementos da filosofia corporativa faz muito sentido pelo fato de uma empresa ser um sistema vivo. Ambos estão diretamente relacionados com os comportamentos e, consequentemente, com a cultura.

Para que a filosofia corporativa funcione como um verdadeiro texto sagrado, é preciso que haja uma padronização de linguagem, de estrutura e de estilo de linguagem, com a mesma fonte e com a mesma identidade visual. Esses nove elementos apresentados com formato e identidade visual despadronizados deixam claro que foram escritos por pessoas e em momentos diferentes; dificilmente passarão seriedade.

Um caso perfeito de alinhamento entre o código de conduta e a filosofia corporativa. Uma empresa de comércio exterior com cerca de 1.500 funcionários precisava atualizar seu código de conduta.

Haviam ocorrido alguns casos de assédio por parte da liderança do depósito, e o código de conduta vigente não previa advertência formal por assédio moral. A pressão pela atualização era grande.

Essa missão foi dada aos analistas de Recursos Humanos que, depois de uma pesquisa, encontraram bons modelos no mercado, ajustaram o texto, orçaram o custo total de impressão e validaram o conteúdo com o diretor. Um dia antes de o arquivo ser enviado para a gráfica, o diretor de RH foi orientado pelo conselho a contratar uma consultoria para desenhar e implantar um projeto de transformação de cultura, porque na visão deles os problemas de assédio eram reflexos de uma cultura permissiva.

Mesmo consciente da urgência de atualização do código, o diretor decidiu adiar a impressão e aguardar o projeto de cultura.

Para atender de forma emergencial o problema dos casos de assédio, ele conduziu internamente, com multiplicadores internos, breves treinamentos nas áreas mais críticas.

Assim que o comitê de cultura foi formado, o diretor solicitou a inclusão do código de conduta como prioridade nas pautas. Foi uma decisão acertada: todos os valores da empresa foram revistos, novos princípios foram acrescentados e o canal de denúncia foi aprovado.

Essas e outras medidas impactaram o nível de tolerância com relação ao assédio e outros desvios de conduta. Em poucos meses, o diretor de RH pôde conduzir os eventos de alinhamento de cultura, entregando em uma única encadernação todos os nove elementos da filosofia corporativa, com a mesma linguagem.

Foi um sucesso.

Um caso negativo de atualização de valores. Uma empresa de tecnologia tinha, entre seus valores, a responsabilidade. Decidiu partir desse conceito para a Accountability. Foram feitas as alterações necessárias nos textos, nas frases dos painéis e cartazes e nas etiquetas impressas no verso dos crachás. Todos os impressos foram atualizados, e a liderança recebeu treinamento sobre o significado de Accountability e as razões pelas quais a palavra seria usada em inglês.

Um colaborador que já trabalhava havia cinco anos na empresa, depois de ler várias vezes o material e receber de seu líder diversos feedbacks, interpretou assim a mudança: "De repente, o RH anuncia que agora saiu o valor responsabilidade e entrou Accountability."

Como essa mudança foi processada na mente desse colaborador para chegar a essa conclusão?

Evidentemente, a Accountability não exclui a responsabilidade, pelo contrário. Sem dúvida deveria ter havido uma explicação melhor, mostrando que o mercado altamente globalizado e competitivo exige uma evolução de crenças e atitudes, como a de pensar e agir como dono. Hoje não basta que as pessoas sejam apenas responsáveis.

3. ALGO MARAVILHOSO AINDA ESTÁ PARA ACONTECER

Toda religião apresenta uma história que vai se completar no futuro. É como se estivesse faltando o último episódio da minissérie, com cenas finais importantíssimas que ainda não aconteceram, mas que acontecerão no futuro, talvez em breve.

Para os judeus, é a vinda do Messias. Para os cristãos e os islâmicos, é o retorno de Jesus Cristo. Os muçulmanos não acreditam na divindade de Jesus nem do Espírito Santo — só há um deus, que é Allah —, mas acreditam que Jesus foi um profeta sem pecados, nascido de uma virgem, e que retornará à Terra para os últimos dias. Tanto Jesus quanto Maria são mencionados com frequência e de modo reverente no Alcorão. O nome de Maria aparece 34 vezes no Alcorão e 19 vezes no Novo Testamento. É a única mulher que está no livro sagrado do Islamismo.

Acreditar e confiar no futuro é condição básica para pertencer a qualquer religião. Sem essa fé otimista, os problemas e as frustrações do presente perturbam a possibilidade de acreditar que algo maravilhoso ainda está para acontecer.

NO AMBIENTE CORPORATIVO

As empresas devem estimular a crença em um sonho grande. Isso mantém forte o senso de pertencimento e cria uma visão altamente positiva do futuro. Manter viva a expectativa otimista de uma nova fase ou etapa da empresa é imprescindível para o pertencimento — ninguém quer pertencer a algo cujo futuro é incerto ou desinteressante.

Com uma visão ousada, a empresa convida todos a fazer parte de um sonho maior e, com isso, sintoniza seus colaboradores na mesma *vibe* emocional.

O caso do Sonho Pequeno. No início de 2019, uma grande empresa nacional recebeu autorização da CVM para fazer o *follow on*.[2] O processo durou quase nove meses, com diversas etapas de auditoria, inúmeras reuniões e muitas entrevistas, exigindo grande quantidade de documentação. Como foi um processo muito exaustivo, o CEO decidiu reconhecer o esforço e a dedicação de alguns executivos que se destacaram como protagonistas dessa trajetória. Depois de algumas análises, o CEO e o conselho identificaram nove entre os 22 diretores e gerentes executivos que mereciam ser premiados com um pacote de *stock options*.[3]

Se em cinco anos as ações passassem a valer o triplo, por exemplo, então em 2025, ao final do programa, o lote de 50 mil ações presenteado pela empresa valeria aproximadamente 3 milhões de reais para cada um dos nove executivos contemplados.

---

[2] *Follow on,* ou oferta subsequente, é quando uma empresa já tem capital aberto e decide ir ao mercado para oferecer mais ações.

[3] *Stock options* é a opção de compra de ações da empresa, um tipo de Incentivo de Longo Prazo (ILP) que a empresa lança para reconhecer, motivar e reter talentos.

Mas o que se imaginou que seria altamente motivador se mostrou frustrante, pois os executivos elegíveis não estavam na mesma *vibe* de positividade no futuro.

Eles não entenderam o que é um incentivo de longo prazo. Com 20 ou 25 anos de casa, com salário fixo, no formato convencional de CLT, o modelo mental deles estava mais preparado para aceitar um bônus pequeno no curto prazo, mas não um grande pacote no longo prazo. Além de não entenderem o conceito, eles ficaram desconfiados quanto ao valor das ações no futuro. Alguns verbalizaram que teriam preferido que a empresa desse um bônus de seis salários no final daquele ano e ponto final.

Além de os nove executivos premiados terem ficado frustrados com o incentivo oferecido, seus pares, os treze gerentes e diretores não contemplados, passaram a fazer piadas do programa de *stock options* e dos colegas frustrados.

Grandes incentivos exigem habilidade de sonhar grande, o que nem todos têm. O que confunde alguns líderes é que algumas pessoas espontaneamente desenvolvem essa habilidade, mas outros, não. Eles necessitam de preparação e muita confiança na alta gestão, caso contrário se assustam e se voltam contra o sonho.

4. PECADOS MORTAIS

Todas as três religiões definem de maneira muito clara o que elas consideram como errado, classificam os erros em aceitáveis e imperdoáveis e deixam claro o processo de perdão.

Para que os fiéis não digam que não sabiam que erraram, as religiões desenvolveram um tipo de guia de bolso, chamado mandamentos. Deixando claro em poucas palavras as principais regras de convívio de acordo com a religião. As três religiões têm dez mandamentos, muito semelhantes, embora redigidos com palavras diferentes.

NO AMBIENTE CORPORATIVO

Pecado, no ambiente corporativo, pode ser desvio ético, de conduta, assédio moral, assédio sexual, baixa performance ou comportamentos e atitudes inadequados desalinhados com a cultura. O que o ambiente corporativo pode aprender com o ambiente religioso é a transparência, deixando claro os desvios inegociáveis que provocarão desligamento imediato ou por justa causa e os desvios que acarretarão advertências formais ou feedbacks pontuais. Isso é muito simples e óbvio, mas poucas empresas executam essas regras e políticas de maneira correta.

As organizações deveriam levar mais a sério esses problemas e a tolerância com os erros. A cultura de uma empresa é considerada consolidada na proporção inversa ao seu nível de tolerância com relação aos desvios de conduta de seus colaboradores. Quanto mais tolerante a erros, menor é a cultura de transparência, e o inverso é verdadeiro. Se a franqueza é baixa, a tolerância é alta — porque uma é antagônica à outra.

Se a empresa tolera desvios de conduta, ela contribuirá imprudentemente para o aumento do número de pessoas que agem mal, simplesmente porque a falta de punição imediata a um colaborador que tenha cometido um erro grave transforma esse erro em um exemplo negativo a ser seguido.

Um caso da falta de gestão por consequência. Em uma das maiores construtoras do país, presenciamos o que se tornou para nós, até agora, um dos piores exemplos de falta de gestão por consequência.

Estávamos em uma reunião de resultados mensais com um diretor e nove gerentes diretos de Facilities.[4] Nessa reunião, o diretor foi informado de que a divisão de Facilities havia sido excluída da concorrência para uma rede de hospitais, em um contrato cujo valor era de aproximadamente 350 milhões de dólares anuais. O motivo da perda do direito de concorrer foi a falta de um pedaço de papel — um único documento que o gerente responsável pela

---

4 Facilities: serviço terceirizado para condomínios empresariais e residenciais que contempla, entre outros, os serviços de recepção, segurança patrimonial e limpeza.

licitação se esqueceu de anexar ao processo. Foi o próprio gerente da licitação que deu a notícia, diante de todos os presentes, inclusive nós.

O diretor ouviu, abaixou a cabeça, ficou em silêncio por alguns instantes. Os demais participantes não tiveram nenhuma reação. Depois de alguns segundos, o diretor passou para o item seguinte na pauta da reunião.

Uma semana depois, realizamos um workshop para essa mesma área, e, para nossa surpresa, o gerente responsável por deixar a empresa fora daquela licitação estava presente, como se nada de grave tivesse acontecido. Até onde acompanhamos, essa situação ficaria assim.

Como temos referência de empresas com cultura consolidada, com forte orientação para o pensamento de dono, sabemos como seria a reação do diretor de uma dessas empresas, caso situação semelhante ocorresse. Na melhor das hipóteses, aquele gerente teria sido demitido. Na pior das hipóteses, além da demissão, seria aberta uma sindicância interna para descobrir se o esquecimento desse documento foi intencional para favorecer outra empresa que participava da licitação.

Sem gestão por consequência, não há temor. Sem temor, não há respeito. Sem respeito, não há cultura consolidada.

5. MISSIONÁRIOS PRÓPRIOS

Todas as religiões têm suas próprias escolas de formação de líderes. Rabinos, padres e sheiks passam por décadas de aprendizagem em que recebem, além da formação acadêmica e espiritual, os idiomas de origem de suas religiões, independentemente do país onde vivem hoje. Rabinos precisam aprender hebraico. Padres têm de aprender italiano e latim. Sheiks aprendem árabe.

Nenhuma religião aceita um religioso formado por outra, por melhor que seja o aluno. Se um seminarista eventualmente se converter ao judaísmo ou ao islamismo, teria de recomeçar sua formação do zero. E o mesmo acontece se um aluno de outra religião quiser ser padre. Não há possibilidade de intercâmbio entre instituições religiosas nem transferência de créditos de matérias.

NO AMBIENTE CORPORATIVO

As empresas poderiam ser um pouco mais "religiosas" nesse aspecto. Preocupa-nos o fato de algumas empresas não darem importância para a formação de seus próprios missionários.

Em um mundo ideal, as empresas deveriam evitar a contratação de líderes "prontos", vindos de outra organização, pois, apesar de trazerem grandes contribuições, podem diluir a cultura com hábitos e vícios ocasionados pelo mercado.

A maioria das formações convencionais não segue uma trilha de aprendizagem embasada em um planejamento de design instrucional. São formações aleatórias não sequenciais compostas de um curso aqui e outro ali, com temas diferentes, às vezes temas de moda e com instrutores diferentes. Esse modelo forma líderes convencionais. Empresas que realmente queiram uma cultura consolidada e saudável precisam "fabricar" líderes de ponta ou *accountables*.

Líderes *accountables* são aqueles que batem meta, desdobram a estratégia, desenvolvem o time, mantêm seu time *accountable*, contam histórias alinhadas com a cultura, consolidam a cultura, formam sucessores e não esquecem seu devido lugar na estrutura.

Uma boa "fábrica" de líderes *accountables* tem mais de um canal de desenvolvimento. São eles:

1. **Academia de líderes** — Programa de desenvolvimento mais robusto. Os cursos são agrupados por módulos e estes, por sua vez, estruturados em trilhas de aprendizagem, como trilhas técnicas, operacionais, de desenvolvimento e de cultura. Os instrutores deveriam ser em sua maioria líderes da própria empresa, atuando como multiplicadores, sobretudo nas trilhas técnicas, operacionais e de cultura. Seguindo esse modelo, a cultura se consolida mais rapidamente. Dessa forma, além da formação ser contínua e mais completa, os líderes têm a nítida percepção de que estão sendo formados para uma missão específica: desdobrar e sustentar a cultura. Já as trilhas de desenvol-

vimento poderiam ser conduzidas com instrutores do mercado que sempre trazem atualizações de conceitos e de metodologia.

2. **Mentoring clássico** — Programa de aceleração de desenvolvimento, no qual gestores seniores são formados para atuar como mentores de líderes recém-formados.

3. **Mentoring reverso** — Programa de aceleração de desenvolvimento inverso, em que o mentor é um líder mais jovem, porém tem conhecimento em temas atuais como tecnologia, inclusão de raça e gêneros.

4. **Jornada do autoconhecimento** — Programa cujo objetivo é unicamente expandir a percepção do líder sobre si mesmo. É um investimento da empresa no líder e baseia-se no conceito de que não é possível desenvolver liderança em quem não se conhece plenamente.

Caso do missionário que parecia que estava pronto, mas... Esse fato ocorreu no Brasil em uma das maiores empresas do mundo no setor farmacêutico. A empresa contratou um líder "pronto" para a posição de diretor comercial. Esse executivo já tinha sido diretor comercial em outras empresas e CEO em uma empresa menor, todas no mesmo setor. Era um profissional experiente, um *gray hair*.

Na primeira semana, ele convocou uma reunião com seus onze gerentes diretos para conhecê-los e apresentar a nova estratégia comercial que implementaria na semana seguinte. Nessa apresentação, tecnicamente impecável, ele mostrou vários slides com dados do mercado. Em dois dos slides havia informações sigilosas da concorrência — inclusive, com o logo da empresa proprietária das informações no rodapé do slide. Por "coincidência", era a empresa da qual o diretor comercial havia saído, o último emprego em que ele havia sido CEO.

Ao final da reunião, dois participantes incomodados com a postura desse diretor procuraram a área de compliance para fazer uma denúncia formal. A essência da denúncia era a falta de respeito à política de ética da empresa.

A denúncia foi enviada à matriz, nos Estados Unidos, que respondeu à diretora de compliance com cópia para o superior dela, o CEO, que até então não estava sabendo do que havia ocorrido. A resposta da matriz trazia apenas uma pergunta: "Esse diretor comercial assinou o código de conduta?" A resposta da diretora de Compliance foi "não". A matriz fez uma nova pergunta: "Por que não?" A diretora de Compliance respondeu: "Porque o processo usado aqui é juntar um pequeno grupo de novos colaboradores e fazer ao mesmo tempo a integração da cultura e a assinatura do código de conduta."

Determinações finais vindas da matriz: 1º) mude imediatamente o processo — o código de conduta deve ser enviado para a casa do candidato uma semana antes de ele começar a trabalhar na empresa e uma via do código deve ser entregue na portaria, assinada; 2º) advirta formalmente o novo diretor, deixando claro que ele só não está sendo desligado por justa causa porque não teve a oportunidade de assinar o código de conduta antes; e 3º) contrate cinco sessões de mentoring para o novo diretor, sendo duas sessões sobre a cultura da empresa, duas sobre o conceito de ética e moral e uma sessão específica sobre gestão de consequência.

Esse é o risco de trazer líderes "prontos" do mercado. Eles jamais estarão completamente prontos porque, por mais que tenham experiência, não conhecem a cultura da empresa. Quanto mais alto o cargo contratado, maior deve ser o cuidado no processo de integração e adaptação desse executivo.

6. RITUAIS

São muitos os ritos nas religiões, mas os principais são os de *boas-vindas*, de *celebração*, de *pertencimento*, de *perdão*, de *passagem* e de *despedida*.

São ritos de boas-vindas as cerimônias para dar um nome às crianças quando chegam ao mundo; são de celebração os que marcam a união dos casais; são ritos de pertencimento os que unem os fiéis em oração todos os dias ou semanalmente; são de perdão os rituais que apagam a culpa por pecados cometidos, como o Yom Kippur judaico e o Ramadã islâmico; são de passagem os que marcam fases da vida; e são de despedida os cerimoniais fúnebres.

NO AMBIENTE CORPORATIVO

Nesse aspecto, o mundo corporativo também poderia ser um pouco mais "religioso" e contemplar com maior seriedade os próprios rituais corporativos. Ao desprezar esses rituais, eles cometem o equívoco de não dar sustentação a programas já iniciados. A verdade é que é muito comum os líderes realizarem rituais muito bem conduzidos, mas sem a noção de que o que estão realizando é um rito de cultura. Por esse motivo, encontramos em nossas visitas às empresas diversos rituais, alguns conduzidos intencionalmente e outros realizados intuitivamente. No Capítulo 7, você encontrará os oito principais rituais praticados pelas empresas.

Um caso de rito de pertencimento. A Ambev foi fundada em 2000 e, por volta de 2002, foi iniciado o *Seals*, um megaencontro anual de vendas que se tornou um dos principais rituais de pertencimento e de celebração de sua cultura. Fazer parte desse encontro é um enorme selo de prestígio para liderança e também para os talentos, potenciais líderes escolhidos a dedo, exclusivamente por mérito.

Só o fato de ter sido convidado já é um sinal de reconhecimento do alto valor do quadro selecionado para estar presente. Todos os que participam desses encontros saem de lá literalmente "pilhados", convictos de que as metas lançadas possam ser atingidas facilmente. Quando voltam para suas unidades, eles têm a missão de compartilhar um resumo do evento e desdobrar as metas com seus times.

Em um dos primeiros *Seals*, foi lançado o sonho de "Ser a maior fabricante de bebidas do Brasil". Mas, como boa parte do time operacional das unidades não havia participado do evento e não tinha recebido o mesmo choque de motivação, era natural haver alguns pessimistas que não acreditaram no sonho. Não chegava a ser uma resistência, mas era um ponto com que a liderança tinha de lidar. Passados cerca de quatro anos, depois de algumas aquisições, a Ambev conquistou a maior parte do mercado e se tornou de fato a maior empresa de bebidas do Brasil.

Então, no *Seals* de 2006, o sonho foi redimensionado: ser a maior fabricante de bebidas do mundo.

Em 2008, já com o nome InBev, a companhia adquiriu a Anheuser-Busch e se tornou a maior empresa de bebidas do mundo. O nome do grupo passou a ser AB InBev.[5]

No *Seals* de 2010, o sonho foi então, mais uma vez, ajustado "ser a maior fabricante de bebidas do mundo, em um mundo melhor". Um claro direcionamento de energia e investimentos para a sustentabilidade humana e ambiental.[6] Desse sonho maior saíram uma série de iniciativas, como o *Pilar de Segurança*, por exemplo, que resultou em uma enorme redução de acidentes de trabalho.

7. STORYTELLING

Toda religião é rica em narrativas que contam sua origem, relatos de superação, de vitórias contra os inimigos e situações em que os fiéis foram salvos pela vontade divina. Essas histórias são repetidas de geração em geração, fortalecem a noção de pertencimento e mantêm vivas as tradições.

NO AMBIENTE CORPORATIVO

Mais uma vez, sentimos que as empresas deveriam ser um pouco mais como as religiões, com o intuito de usar sua história para aumentar o senso de pertencimento. Se um CEO realmente quiser consolidar a cultura de sua empresa, ele deve encorajar em toda a liderança o hábito de contar histórias.

O fato é que toda empresa é, por natureza, uma geradora em potencial de histórias, pois onde houver pessoas existirão histórias interessantíssimas. Onde houver pessoas conversando haverá histórias. São inúmeros os casos de superação de dificuldades, de atingimento de metas, de produtos entre-

---

[5] Anheuser-Busch InBev.
[6] A sustentabilidade é formada por quatro pilares: o pilar humano, com foco nas condições de saúde e segurança dos colaboradores; o social, voltado para os efeitos da operação comercial na comunidade; o econômico, que analisa a viabilidade do negócio no longo prazo; e o ambiental, relacionado aos impactos da operação comercial no meio ambiente.

gues no prazo, mesmo em condições adversas, de problemas solucionados, de clientes aborrecidos que foram convertidos em fãs satisfeitos, de reversão de índices de acidentes — só para mencionar alguns dos muitos tipos de sucesso que merecem ser contados.

Mas, infelizmente, boa parte dessa riqueza é esquecida, deixada de lado, menosprezada pela própria empresa, que não reconhece o valor do próprio storytelling. Quando histórias são menosprezadas, seus heróis e seus esforços também são.

A melhor forma de fortalecer a cultura — e a menos onerosa — é pelo rito de contar histórias em que os protagonistas são os próprios colaboradores. Esse processo retroalimenta a cultura, reforçando atitudes e comportamentos corretos. A emoção de uma história tem o poder de conectar as pessoas, colocando-as na mesma página em termos emocionais, aumentado o senso de união e, por conseguinte, de pertencimento.

O caso das reuniões que sempre começam com boas histórias. Em uma visita técnica que fizemos na região de Dallas, Estados Unidos, encontramos duas empresas que coincidentemente desenvolveram rituais de contar muito semelhantes. Ambas as empresas — a Southwest Airlines, renomada companhia aérea, e a Sewell, renomada rede de revendas de carros premium — têm como política que reuniões com três pessoas ou mais devem sempre começar com um dos participantes contando uma história positiva de atendimento a clientes. Esses dois casos são tão interessantes que dedicaremos um capítulo específico para detalhar melhor esses bons exemplos.

O QUE É RELIGIÃO PARA UNS, É MITOLOGIA PARA OUTROS

O judaísmo, o cristianismo e o islamismo são religiões diferentes, mas seguem a mesma fé. São religiões abraâmicas, que usam como base de sua doutrina a experiência de Abraão com Deus. Acreditam em um Deus único e creem que Ele enviou profetas para revelá-Lo à humanidade.

Para aqueles que têm fé, tudo faz sentido. Os textos, as histórias, as datas, as tradições, as festas, os ritos, os sacrifícios, as penitências pelo perdão. Tudo parece coerente para o indivíduo que está imerso no ambiente daquela religião.

As três religiões têm o mesmo objetivo: formar um ser humano melhor. As três consideram santa uma mesma cidade: Jerusalém. Têm os mesmos dez mandamentos — leis universais a serem seguidas. Até mesmo as tradições, as histórias, as datas, as festas, os ritos, os textos, os sacrifícios ou as penitências pelo perdão são semelhantes. Mas os seguidores de cada religião nunca aceitarão que talvez haja verdade nas outras.

Quando um indivíduo, membro fiel de uma religião, é convidado a conhecer outra, sua reação é de rejeição. Não interessa se há crenças em comum. Ele pode até reconhecer, talvez, que há elementos semelhantes, mas tem convicção de que aquilo não é verdadeiro. E o que não é verdadeiro é lenda, mito, e quem leva a sério um mito está errado.

NO AMBIENTE CORPORATIVO

Esse é o único caso que não aconselhamos copiar do mundo religioso. Pelo contrário, incentivamos conhecer a cultura de outras empresas. Propomos precisamente o oposto, deixar de lado o orgulho e aprender o que o mercado está fazendo, principalmente o concorrente. Encorajamos trocar mitos por fatos. Defendemos o benchmarking[7], o ato de visitar outras empresas para aprender com seus acertos e seus erros — o que foi feito, o que funcionou bem, o que estão fazendo para consolidar a cultura e o que não funcionou.

Há executivos que até têm certa curiosidade em conhecer outras realidades empresariais, mas fazem isso de maneira equivocada, quase sempre por meio de relatos de colaboradores que saíram de outra empresa. Essa forma

---

[7] Benchmarking: expressão antiga do varejo de tecidos relacionada a uma marca (*mark*) riscada no balcão (*bench*) para comparar as medidas de tecido. Nas últimas décadas, a expressão passou a ser usada para explicar o ato de fazer visitas técnicas a concorrentes (ou outras operações) para aprender com eles, comparando processos, sistemas e cultura.

de receber conhecimento sobre outra cultura não é recomendável por três motivos:

1. Muitas vezes os relatos são de clima, e não de cultura. É muito fácil um executivo confundir esses dois conceitos.
2. Não se conhece o contexto do desligamento, os reais motivos que levaram o colaborador a pedir demissão ou ser demitido.
3. As informações não vêm direto da empresa referência.

Conhecer outras culturas corporativas é simples, basta um interesse genuíno em aprender, abrir um espaço na agenda e fazer um pedido para ser recebido para uma breve visita. Apesar de simples, esse hábito é raro entre os executivos. Parece que há certo orgulho em desprezar o que está lá fora, não há muito interesse em aprender com outra empresa, principalmente se ela for menor.

Um caso de falta de humildade. Trabalhamos como consultores para uma rede de supermercados, cujos sócios eram dois jovens empresários. Tinham seis lojas voltadas para o público A, muito bem localizadas, e o objetivo principal da consultoria era ajudá-los a desenhar e consolidar uma forte cultura em qualidade de serviços.

A certa altura, tornou-se necessário ampliar o repertório de referências em excelência na qualidade de serviço e decidimos olhar para fora do país, realizando um benchmarking em supermercados dos Estados Unidos. Escolhemos três redes cujos serviços eram e ainda são considerados os melhores do mercado norte-americano: a Stew Leonard's (Norwalk, CT), a Whole Foods (Austin, TX) e a Trader's Joe (Pasadena, CA).

Os pontos de venda escolhidos foram as lojas pioneiras dessas redes, onde, além da operação em si, poderíamos ter contato com funcionários que trabalhavam lá desde o início da operação, que criaram a cultura dessas empresas juntamente com os fundadores. Além das três lojas matriz, visitaríamos também outras quatro lojas de cada rede para avaliar a padronização das operações e a consistência dos serviços. Ao todo, seriam quinze lojas. Entramos em contato com as empresas, que aceitaram nos receber. Alinhamos nossas agendas com as dos gerentes das operações e concentramos todas as visitas em uma única semana, com um cronograma bem apertado. Consideramos a experiência excelente: fomos muito bem recebidos pelos gerentes operacionais, observamos reuniões de abertura de novas lojas, ouvimos histórias de reconquista de clientes insatisfeitos e anotamos coisas muito interessantes.

As visitas foram uma experiência riquíssima. Sim, mas só para nós, autores deste livro. Para nossos clientes, foi desperdício de tempo. Reclamaram de tudo: do trânsito, do clima, do mau humor de alguns norte-americanos. Não faziam nenhuma pergunta, não tomavam notas, não precisavam, pois já sabiam tudo. Para eles, nada parecia interessante. Eles estavam carecas de saber tudo aquilo. Eles já tinham "visto" tudo antes.

Menosprezaram detalhes que, do nosso ponto de vista, eram preciosos. Em algumas lojas, imaginamos que seria interessante observar os detalhes dos uniformes dos funcionários, o merchandising, a disposição dos legumes (em *dégradé* de cores!). Imaginávamos dedicar duas horas a essa observação. Para eles, quinze minutos bastaram — em quinze minutos tinham visto tudo.

Percebemos, então, que não tinham feito essa viagem para aprender, e sim para mostrar, talvez a si mesmos, que já sabiam tudo.

Aprendemos com essa experiência que a essência de um bom benchmarking é a humildade e o interesse genuíno em aprender. Sem isso, a cultura de um, por mais rica que seja, será sempre mitologia para outro.

CAPÍTULO 7

CULTURABILITY, ELEMENTOS DA CULTURA CONSOLIDADA E SAUDÁVEL

"Uma pessoa está sentada sob uma sombra hoje porque alguém plantou uma árvore há muito tempo atrás." — Warren Buffett

Essa frase é atribuída a um dos maiores investidores do mundo, Warren Buffett. Ele a repetiu em diversos momentos; e, em um deles, nós tivemos o privilégio de estar presentes. Foi em uma manhã fria de 4 maio de 2013, em Omaha, Nebraska, Estados Unidos, em uma das famosas convenções anuais que o fundo Berkshire Hathaway realiza com seus investidores. O estádio que sediava esse encontro estava quase no limite de sua capacidade, 35 mil participantes, composto principalmente de investidores, executivos das empresas, membros de conselho, analistas do mercado, jornalistas e curiosos como nós. Warren Buffett (com 83 anos na época), ao lado de seu sócio, Charlie Munger (com 89 na época), repetiu essa frase ao se referir ao olhar de longo prazo que seu fundo de investimento tem nos negócios que participa. Ele também aconselhou a alta gestão e o conselho a fazerem o mesmo, evitando as tentações de resultados no curto prazo.

CULTURABILITY, A ÁRVORE QUE TODA ALTA GESTÃO DEVERIA PLANTAR

Cultura e árvores são sistemas vivos que requerem cuidado e atenção. Árvores necessitam de um bom solo, água e nutrientes, isso é o mínimo que a natureza exige. Cultura necessita de boas pessoas e de uma excelente liderança. Sem boas pessoas é difícil ter uma boa cultura. Mas sem uma liderança excelente, é impossível. Árvores necessitam de proteção. Um leigo, ao olhar para uma rua arborizada ou para uma mata nativa, não percebe, mas nem todas as árvores ali estão sadias. Algumas estão sofrendo em função de pragas e parasitas que se parecem com vegetação nativa, mas, na realidade, sugam e consomem quem as hospeda. A cultura também necessita de proteção contra executivos com desvio de conduta que, na busca frenética pelo resultado, colocam em risco a imagem da empresa, os clientes e a comunidade. Toda árvore necessita de tempo para crescer e dar resultados. Um eucalipto leva de seis a dez anos para estar pronto para o corte. Uma jabuticabeira, de dez a doze anos para dar bons frutos. Quem planta sabe que vai precisar ter paciência. Para uma cultura se tornar consolidada e saudável, também serão necessários anos. Nossa experiência nos mostra que, se o solo estiver fértil, se for bem nutrido e se os parasitas forem removidos, serão necessários de três a cinco anos para uma cultura se consolidar, mas, depois de amadurecida, ela dará sombra e frutos. Parece pouco tempo se comparado a um eucalipto, mas será que o fundador da empresa terá essa paciência? O CEO vai resistir à pressão de ter de entregar resultados a curto prazo? O conselho vai ter disposição para comprar a briga com a família e vender a ideia de um projeto de longo prazo? Mesmo depois de adulta, as árvores, principalmente as frutíferas, continuam correndo riscos; erosão de solos, queimadas, rajadas de ventos fortes e inundação são alguns de seus inimigos naturais. Mesmo depois de amadurecida, a cultura também corre riscos.

São basicamente seis elementos que darão sustentação a uma cultura consolidada e saudável. Parece pouco, mas será necessário revisitar, atualizar ou elaborar, partindo do zero, diversos textos. Para empresas restritas a uma operação em uma ou duas cidades, basta o CEO e o RH, com o apoio de suas devidas equipes, para levar adiante um projeto de cultura. Mas se a empresa tem operações em diversas cidades e em geografias diferentes, será necessário um ou mais comitês de cultura.

Os seis elementos são:

1. Filosofia corporativa
2. Voz do dono
3. Liderança
4. Storytelling
5. Artefatos, identidade e marca
6. Rituais

1. FILOSOFIA CORPORATIVA

Já mencionamos, no Capítulo 6, que a filosofia corporativa é composta de textos; neste bloco vamos detalhar um pouco mais cada um desses elementos. Com o subtítulo "O Brasil não é o Vale do Silício", afirmamos que este livro foi escrito tendo como referência principal empresas que atuam no mercado nacional. Algumas das definições apresentadas aqui podem ser diferentes das encontradas em livros acadêmicos.

1. DNA
2. Sonho
3. Visão
4. Missão
5. Valores
6. Princípios (da liderança)
7. Propósito
8. Manifesto
9. Código de conduta
10. Canal de denúncia

DNA

É a essência do negócio, o que a empresa faz de melhor. É aquilo que ela executou bem em sua origem e que permitiu que chegasse até onde chegou. A importância de refletir e escrever sobre o próprio DNA é simples: é mais fácil identificar as razões de fracasso de um negócio do que as razões do sucesso. Quando um negócio vai mal, qualquer um consegue apontar rapidamente as causas que o levaram a dar errado. Mas quando um empreendimento é muito bem-sucedido, a euforia e o ego inflado contaminam a percepção. Por isso, as razões do sucesso se tornam mais difíceis de serem identificáveis, o que leva à falsa percepção de que os investidores acertaram em todas as decisões ou

CULTURABILITY, ELEMENTOS DA CULTURA CONSOLIDADA E SAUDÁVEL

que eles possuem o tal *Toque de Midas*.[1] Controladores embalados pela euforia de um negócio bem-sucedido e que não fizeram a lição de casa de analisar profundamente o próprio DNA frequentemente trocam os pés pelas mãos.

Dois exemplos de expansão malsucedidos, cujo DNA **não foi** respeitado:

1. Originalmente, o negócio da empresa A era transporte de cargas. Depois de dez anos de atividade bem-sucedida e com uma frota de quatrocentos caminhões, os sócios desenvolveram um conhecimento muito grande com esse tipo de equipamento e decidiram expandir o negócio, adquirindo concessionárias de caminhões. Apesar da operação de venda de novos caminhões ir muito bem, o lucro obtido não era suficiente para cobrir as despesas geradas pelas perdas das demais operações que fazem parte de uma concessionária, como a operação de seminovos (caminhões usados) e de pós-vendas (oficina). Transportar cargas requer competências bem específicas, como precificação de fretes, gestão de logística e gerenciamento da frota. Essas competências faziam parte da essência dos sócios. Operar concessionárias necessita de outras competências, como saber comprar caminhões novos e usados, saber vender bem, gerenciar o pós-venda, o estoque de peças, os mecânicos, além da parte tributária, que exige uma contabilidade diferente. Depois de alguns anos perdendo dinheiro com as concessionárias, os sócios decidiram vender essa operação. Transportar é bem diferente de comprar e vender.

2. Construção civil sempre foi o forte da empresa B, a fábrica de vidros veio anos depois e não perturbou o DNA, porque ela fornecia vidros mais baratos para a própria construtora e também para o mercado. A empresa construiu edifícios residenciais, corporativos, condomínios empresariais e hotéis a pedido de empresas hoteleiras. Depois de alguns hotéis construídos, a família decidiu entrar para o segmento de hotelaria operando o próprio empreendimento hoteleiro. Para isso, compraram uma bandeira hoteleira de luxo, uma das mais renomadas e caras do mundo. A compra incluía a licença de uso da marca, todo o mobiliário de padrão internacional e compra de grande quantidade de *amenities* (produtos personalizados de hotelaria, como sabonetes, shampoos, toalhas

---

[1] Toque de Midas: expressão atribuída a uma pessoa que tem muito talento nos negócios e que tudo que empreende dá certo. Midas é um personagem da mitologia grega, rei da Frígia, que fez um pedido a Dionísio, deus da celebração, para que tudo que ele tocasse se tornasse ouro.

etc.). A empresa investiu muito nas instalações e em pessoas. Contratou os melhores gestores de hotelaria da região, que, por sua vez, trouxeram equipes já com experiência no segmento de luxo; além disso, receberam treinamento operacional do franqueador. Mas operar um hotel de luxo exige competências entrelaçadas com a cultura, e dinheiro nenhum compra valores e princípios da noite para o dia. Para complicar, por falta de conhecimento em hotelaria ou por excesso de arrogância, o ponto escolhido para esse hotel foi completamente equivocado; ele nunca deu lucro, sugou boa parte do resultado gerado pela construtora e, dois anos após a inauguração, foi fechado. Hospedar e acolher é bem diferente de construir e vender.

Quem deseja ir para um segmento diferente do seu DNA tem de mergulhar de cabeça na operação, até o ponto em que os detalhes de competência essenciais dessa nova operação estejam entrelaçados com seu código genético. Ou, então, precisa contar com a sorte, que existe, mas não é possível inseri-la no business plan.

Claro que os negócios podem e devem ser expandidos, a prova disso são as centenas de exemplos bem-sucedidos, mas também há milhares de exemplos malsucedidos. São casos de respeito ao DNA que implicam que a empresa realize benchmarkings profundos, pesquise muito antes de expandir, contrate especialistas e prepare muito bem uma linha de sucessão formada por herdeiros ou por executivos de carreira para desdobrarem a cultura. Dessa forma, os novos negócios, por mais diferentes que sejam, manterão a essência dos fundadores.

Há, no interior do estado de São Paulo, um hotel de luxo muito bem-sucedido, cuja família proprietária não tinha DNA de hotelaria. Antes do hotel, eles tiveram uma fábrica de doces, que foi muito bem vendida para uma multinacional. Com parte do dinheiro, compraram um hotel que já estava em operação havia anos e praticamente se mudaram para lá, dedicando-se de corpo e alma a esse novo negócio. Com o tempo, detalhes da competência hoteleira passaram a fazer parte da cultura da família sem conflitar com o DNA original, da fábrica de doces. Até hoje as sobremesas são um ponto forte da culinária desse hotel, sobretudo os pés de moleque servidos como cortesia junto com o café expresso.

CULTURABILITY, ELEMENTOS DA CULTURA CONSOLIDADA E SAUDÁVEL

Dois exemplos de expansão bem-sucedidos, cujo DNA **foi** respeitado:

1. Os negócios da família Guaspari são antigos e têm origem na mineração. Mas, em 2006, os controladores decidiram expandir suas atividades comerciais para a produção de vinhos de alta qualidade para exportação. A região escolhida foi a cidade Espírito Santo do Pinhal, no estado de São Paulo. Para isso, contrataram especialistas norte-americanos, portugueses, chilenos e australianos. Compraram os melhores equipamentos do mundo, alguns deles foram os primeiros trazidos para o Brasil, como tanque de concreto oval, sistema de engarrafamento italiano e as famosas barricas de carvalho francesas (Taransaud, François Frère e Ermitage). Apesar de a origem do negócio da família estar em torno da mineração, o DNA de fazer bem-feito, de buscar ser o melhor no que faz e de tratar bem todos os que estão no processo foi respeitado.

2. O grupo MCassab é uma empresa familiar que iniciou suas atividades em 1928 comprando e vendendo algodão. De lá para cá, seus negócios foram expandidos para as áreas de nutrição animal e humana, química, distribuição dos produtos WMF e LEGO, bem como para a operação da rede de lojas Spicy. Essa ampliação das atividades comerciais só foi possível com a preparação e a formação de sucessores familiares e executivos de carreira. Esses sucessores respeitaram o DNA da família que, por essência, é a atividade de *trading*, cuja principal competência é saber comprar e vender bem.

SONHO

Sonho é uma forte manifestação da ambição do fundador ou dos controladores. Um sonho ousado provoca admiração e alinhamento da liderança alinhada, situação fundamental para a construção do senso de pertencimento.

VISÃO

É a tradução do sonho para o mercado. Pelo fato de o sonho indiretamente dar pistas de qual é a estratégia de expansão, nem todos os controladores se sentem confortáveis em expor para o mercado suas intenções. Nesse caso, muitos optam por expressá-lo de maneira mais reservada, menos audaciosa, em forma de uma visão.

MISSÃO

É o que a empresa deve fazer diariamente para atingir seu sonho ou sua visão. Muito alinhada ao DNA, a missão traz clareza para as iniciativas em curto e médio prazos, além de funcionar como uma trilha para os executivos, principalmente os mais novos, para não pegarem atalhos ou perderem o foco.

VALORES

É o conjunto de crenças de comportamentos e atitudes essenciais que definirão como a liderança e todos os colaboradores devem pensar, decidir e agir. Sem um conjunto de valores que amparem a estratégia, o grupo pode se perder do ponto de vista ético e moral. Valores e princípios formam os principais pilares da cultura.

Valores originais — na construção civil, os pilares que sustentam toda a estrutura, enquanto as colunas sustentam o teto e dão apoio às paredes. Uma coluna pode até ser simplesmente decorativa. Depois de finalizada a obra, com o acabamento feito, pilares e colunas podem parecer idênticos, externamente. Quando e se o imóvel for reformado, algumas colunas podem ser removidas, mas os pilares, que sustentam a carga da edificação e suportam os esforços de compressão, jamais podem ser removidos. A cultura também é uma construção, que, com o passar do tempo, pode ser atualizada, pode precisar de uma "reforma".

PRINCÍPIOS (DA LIDERANÇA)

São os valores traduzidos em uma linguagem simples, em forma de frases coloquial (linguagem do dia a dia), da maneira mais clara possível. Notamos que, nos últimos anos, algumas empresas de altíssima performance, como a Amazon, passaram a direcionar os princípios exclusivamente para a liderança, denominando-os de *princípios da liderança*. A explicação que obtivemos para essa denominação é que *princípios da liderança* é uma mensagem direta ao líder que, a partir do momento que ele ou ela passa a vivenciar os princípios, todo o seu time vai segui-lo.

Observamos também que houve uma expansão na quantidade de princípios; no início da década de 2000, as empresas comunicavam cerca de cinco ou sete valores. Na década de 2020, já é comum encontrar empresas com um conjunto de valores e princípios com mais de uma dezena de elementos, por exemplo: o Magazine Luiza utiliza cerca de quatorze; a Amazon usa dezessete; algumas empresas nacionais, como a Agrivale, produtor de uva em Petrolina (PE), chegam a utilizar cerca de vinte definidos. Qual é o motivo dessa expansão? Por que se tornou tão necessário detalhar comportamentos e atitudes? Muito simples, pela quantidade de informação que uma pessoa tem hoje. Quanto maior o acesso às informações, maior a falsa sensação de ter conhecimento. Quanto maior essa sensação, maior o nível de questionamento. E quanto maior o questionamento, maior o ceticismo em relação a tudo.

Em 2020, a FGV divulgou a 31ª Pesquisa Anual,[2] na qual ela conclui que existem, no Brasil, 424 milhões de dispositivos digitais, e, desse total, 234 milhões são smartphones. Mas isso não significa que 100% da população tenha smartphones, muitos, sobretudo crianças e idosos, não têm nenhum dispositivo e há outros que possuem mais de um dispositivo, como smartphones e tablets. E o que exatamente esses dispositivos conseguem acessar? Bilhões de páginas de conteúdo na internet. De acordo com um estudo da *ABC News*,[3] em 2015 dois pesquisadores encontraram, somente em inglês, 136 bilhões de páginas de texto disponíveis na internet. Esse estudo não considerou vídeos, fotos, nem músicas, somente páginas de textos no formato A4 e no idioma inglês. Isso permite que um indivíduo receba em suas mãos todo tipo de informação, das mais precisas e verdadeiras até as mais falsas e absurdas.

---

[2] A 31ª Pesquisa Anual FGVcia — coordenada pelo professor Fernando Meireles — foi publicada no portal da FGV em 8 de julho de 2020.

[3] *ABC News* — artigo escrito por Alyssa Newcomb em 11 de maio de 2015.

Setenta e três anos antes do lançamento do primeiro iPhone, T. S. Eliot[4] já provocava: "Onde está a sabedoria que perdemos no conhecimento? Onde está o conhecimento que perdemos na informação?"

Essa quantidade enorme de informação cria a ilusão de que temos condições de criar teorias, organizar explicações e emitir opiniões em qualquer área. Mas informação é uma coisa e conhecimento é outra. Diante de tanta informação disponível, esse indivíduo em alguns contextos se sente bem informado e seguro, mas, em outros, se sente confuso e desconfiado, produzindo um consumidor muito mais exigente, um colaborador cético em relação à cultura da empresa e até mesmo um cidadão descrente no país.

O aumento da quantidade de valores e princípios surge para minimizar os riscos de interpretação equivocada e deixar o mais claro possível para a liderança o que é esperado que ela faça em relação à cultura.

PROPÓSITO

É o desejo expresso dos controladores de que a empresa terá uma causa maior, além de somente gerar riqueza para os donos do negócio. Formalizar esse desejo é fundamental para que a empresa assuma publicamente seu compromisso social, beneficiando a sociedade com iniciativas educacionais, sociais ou ambientais. Um propósito genuíno gera orgulho em toda a empresa, aumenta o senso de pertencimento e a colaboração genuína, condições essenciais para a cultura se tornar saudável.

MANIFESTO

É uma declaração de mudança de rota, mudança de postura ou afirmação do caminho a ser seguido. Na maioria das situações, o manifesto é escrito na primeira pessoa e assinado pelo líder principal, mas há casos em que é assinado pelos sócios. O manifesto deve apontar claramente não só o destino, como também os comportamentos que o CEO ou os controladores esperam

---

[4] T. S. Eliot: Thomas Stearns Eliot, poeta, ensaísta, crítico com dupla cidadania, norte-americana (1888) e britânica (1965), e autor de *A Rocha* (1934).

do time. Esse documento deve ser desdobrado para toda a empresa até chegar na integração de novos colaboradores em formato de vídeo para ser usado nos encontros da liderança e nos treinamentos de integração.

CÓDIGO DE CONDUTA

Lista de comportamentos e atitudes aceitáveis, não aceitáveis e as respectivas penalidades. São os dez mandamentos das religiões, traduzidos e adaptados para uma versão corporativa. O código de conduta deve ser entregue na casa do novo colaborador, seja ele um estagiário, seja um executivo do *C-Level*, para que ele leia e assine antes de pisar nas instalações da empresa. Dessa forma, a empresa garante que esse colaborador tem ciência de seus direitos e suas responsabilidades.

Muitos líderes com quem interagimos não tinham noção de que o código de conduta tem relação direta com a cultura. Isso ocorre principalmente porque a maioria das empresas trata essa ferramenta de maneira separada da filosofia corporativa. Isolado, o código perde sinergia e poder de influência. Um feedback a um colaborador surtirá muito mais efeito se ele compreender que o comportamento apontado está desalinhado com o código de conduta e, por consequência, com a cultura.

CANAL DE DENÚNCIA

Na realidade, esse pilar deveria ser denominado "canais de denúncia", por permitir que a denúncia chegue por meio de um sistema híbrido, composto de canais próprios e terceirizados, como: ouvidoria, linha direta (0800), homepage específica, WhatsApp, *Café com o CEO*, *Fale Francamente*, *Fale com o Presidente* e outros meios para ouvir as queixas dos colaboradores. Sem denúncias, não há gestão; e, sem gestão, a cultura fica desacreditada. Sem um acesso sigiloso e seguro para encaminhar uma denúncia, os colaboradores não se sentirão encorajados a apontar erros de seus pares ou até mesmo dos próprios líderes. Não vamos esquecer que nem toda denúncia procede; portanto, é necessário que o canal contemple um bom processo que proteja o sigilo do denunciante, responda às denúncias recebidas, faça as devidas apurações, encaminhe para a instância responsável e gere estatísticas informativas.

2. VOZ DO DONO

Por Voz do Dono nos referimos à facilidade com que todos os colaboradores podem identificar quem está no comando da empresa. Se o rosto, a voz, a imagem do líder principal não forem identificados por todos, a consistência dessa liderança fica, de certa forma, fragilizada. Existem diversos exemplos de CEOs que optaram por não se expor internamente nem ao mercado, e nem por isso suas empresas deixam de ser bem-sucedidas. Mas não há dúvida de que, para o processo de influência se consolidar, é fundamental a exposição constante do líder; além de ser essencial, o time espera vê-lo presente. Uma pesquisa publicada pelo *Valor*,[5] coordenada pela agência de comunicação Brunswick, sediada em Washington e realizada em treze países, inclusive no Brasil, comprova esse conceito de exposição do CEO. Com um total de 11 mil participantes, a pesquisa concluiu que 86% dos pesquisados têm expectativa em ver seus CEOs nas redes sociais e 60% disseram que se sentem mais confiantes ao verem seus CEOs conectados.

O ser humano instintivamente desenvolveu a necessidade de pertencer a uma tribo, de respeitar e obedecer a um chefe. Esse fenômeno social ainda está em nosso DNA e é facilmente observado no desejo de seguir alguém ou mesmo de acompanhar o pensamento e a vida de celebridades nas redes sociais.

Apesar de ser óbvio que o CEO ou o presidente deve emprestar sua cara, sua voz e sua imagem para a comunicação, ainda encontramos muitos líderes que delegam essa responsabilidade para outros executivos e até mesmo para agências de comunicação. Não raro, aparece no mercado um comunicado oficial em forma de vídeo de uma grande empresa, com uma mensagem muito bem escrita, porém narrada por um locutor profissional com a fala impostada cuja voz já temos referência sonora associada a propagandas. Apesar

---

[5] *Valor*, em 11 de fevereiro de 2021, por Barbara Bigarelli.

de a peça de comunicação como um todo ser muito bem-feita, a locução não faz nenhuma conexão com o CEO e muito menos com a cultura da empresa. Por que a locução não é do próprio CEO?

Qual agenda pode ser mais importante que a de cuidar da própria imagem e comunicação? Alguns CEOs e presidentes têm uma agenda com prioridade maior na administração do negócio do que na liderança das pessoas.

Observamos que, quanto mais o nome, o rosto e a voz do líder principal forem conhecidos e facilmente identificados por todos na organização, mais veloz tende a ser o processo de consolidação da cultura. Independentemente do porte da empresa, todo colaborador precisa saber para QUEM ele está trabalhando. É uma necessidade imperiosa, como se houvesse uma pergunta inconsciente: "Acordo todos os dias de manhã e vou trabalhar para QUEM?" Identificar o rosto, a voz desse QUEM é essencial para o senso de pertencimento.

Quanto maior for a empresa, maior é a importância da voz e da imagem do líder na construção do vínculo emocional. Mas o fato é que, na maior parte das grandes empresas, os colaboradores da base, do chão de fábrica, mal sabem o nome de quem está no alto comando.

Às vezes, o CEO imagina que é conhecido por todos, mas na realidade só os mais próximos a ele — executivos do primeiro e do segundo escalão — conhecem seu pensamento e sua estratégia. Quem está no meio e, principalmente, na base da pirâmide, ou seja, a grande maioria dos funcionários, não tem nenhum vínculo emocional com o CEO, a comunicação da alta gestão somente chega a esses colaboradores pelos líderes intermediários, que nem sempre são leais mensageiros.

3. LIDERANÇA

Não existe cultura consolidada e saudável sem um time de líderes de ponta ou *accountable*. Nós nos referimos ao nível mais alto que uma empresa consegue desenvolver seus líderes, que são aqueles que conseguem conciliar, de um lado, a alta competência técnica e, do outro, a simplicidade e a humildade na forma de agir e tratar com seu time. A maior parte das empresas tem bons gestores e os avalia de acordo com os resultados que entregam. Mas apenas bater meta não significa necessariamente que o líder tem uma agenda em prol da cultura. Se fosse assim, toda empresa com bons resultados seria um exemplo de cultura — o que está longe de ser verdade.

Se os controladores do negócio realmente buscam construir uma cultura consolidada e saudável, precisarão desenvolver seus líderes, deixando claro para eles a diferença entre o papel de gerenciar e o papel de liderar.

Gerenciar é importantíssimo e está mais relacionado a administrar e controlar **coisas**, como: índices da produção, qualidade, estoque, vendas, clientes, estatísticas, indicadores do negócio, acidentes e outros.

Liderar está mais relacionado a lidar exclusivamente com **gente**, com funções do tipo: entrevistar, contratar, treinar, alinhar, motivar, dar feedback, avaliar, promover, movimentar e desligar.

Muitos gestores passam a maior parte do tempo conferindo planilhas e gráficos e menos tempo liderando pessoas. Não há nada de errado com essa agenda. O que está errado é não ter a devida consciência da quantidade de tempo que está sendo direcionado para cada papel.

Um processo de transformação de cultura vai necessitar de uma agenda com foco maior em pessoas do que uma agenda convencional. Quando estiverem atuando no modo **gente**, os líderes devem focar oito prioridades que fazem parte da agenda da liderança de ponta ou *accountable*.

1. **Bater meta** — Líderes batem meta com o time fazendo o que é certo.[6] Não pegam atalhos morais para conseguir um bônus nem aceitam que alguém do seu time tenha desvios de conduta.

2. **Desdobrar a estratégia** — Líderes precisam estar absolutamente engajados com a estratégia para poder desdobrar e defendê-la junto a seus pares e seu time.

3. **Desenvolver seu time** — Líderes sabem que um time vencedor não nasce pronto e que todos precisam de feedbacks e acompanhamento constantes.

---

[6] Conceito de liderança de Vicente Falconi, publicado no livro *O Verdadeiro Poder*.

CULTURABILITY, ELEMENTOS DA CULTURA CONSOLIDADA E SAUDÁVEL

4. **Ser e manter seu time *accountable*** — *Accountability* é pensar, agir como dono moral e entregar resultados. O líder que incorpora essa virtude moral e a transforma genuinamente em um hábito tem condições de ser um exemplo para seu time. Um time *accountable* não perde tempo com desculpas e foca o resultado.

5. **Contar histórias alinhadas à cultura** — Líderes têm bons repertórios e são excelentes contadores de histórias reais de conquistas da própria empresa. Por meio delas, engajam seu time com a estratégia. Em **culturas não consolidadas**, líderes comuns pegam um problema e o repassam para sua equipe exatamente da forma como o receberam; dessa maneira, acabam mais assuntando-os do que encorajando-os a encontrar soluções. Em **culturas consolidadas e saudáveis**, líderes de ponta pegam um problema e o transformam em um desafio, revestem o problema com sonhos e o apresentam para seu time por meio de um storytelling vencedor. Quando surge um novo problema, eles repetem o mesmo processo e depois o repetem novamente, até que o ato de sonhar faça parte do inconsciente coletivo do grupo, influenciando as pessoas a ponto de acreditarem que não há problema que não consigam resolver.

6. **Consolidar a cultura** — Líderes entendem que a maneira como eles pensam e agem em suas áreas é uma dimensão da cultura e que esta deve estar alinhada com os demais líderes e a favor da estratégia.

7. **Formar sucessores** — Líderes possuem grande autoestima e não têm medo de preparar seus sucessores. Eles sabem que precisam ter alguém em prontidão melhor do que eles para assumir sua posição a qualquer momento. Essa é a única maneira de aceitar novos desafios sem comprometer a operação ou os serviços da área.

8. **Conhecer seu lugar** — Líderes de ponta sabem exatamente qual é o seu lugar em termos de comunicação. Eles não ultrapassam o CEO no tom nem na energia da voz. Não competem pelo poder com ele. Nunca se comunicam de maneira mais enérgica com seu time que o CEO. A famosa estratégia de "policial bom e policial mau", na qual um diretor grita mais alto que o CEO, para que ele não se desgaste, pode funcionar em filmes, mas é a pior estratégia para a cultura. Em vez de respeito, as pessoas passam a temer o diretor e a descreditar o CEO.

4. STORYTELLING

A grande maioria das pessoas gosta de ouvir histórias, principalmente as de sucesso. A atração que nós, humanos, sentimos por bons relatos está em nosso DNA, isso é milenar. Admiramos quem sabe contar histórias de forma cativante. Uma história de sucesso une as pessoas em torno de uma causa e aumenta o orgulho de pertencer àquele grupo. O storytelling corporativo é uma habilidade de saber estruturar e contar as histórias de conquistas da empresa. Essas histórias bem contadas têm um poder enorme sobre o grupo, sobretudo pelo fato de fazerem as pessoas acreditarem no futuro. São histórias de vitória, de superação, de atingimento de metas desafiadoras, de conquista de prêmios, de reversão de adversidades, de resultados positivos diante de uma vistoria crítica, de criatividade e de inovação. Toda empresa tem histórias de sucesso, mas a grande maioria delas as menospreza. Líderes que procuram desenvolver a habilidade de contar histórias desenvolvem um carisma maior e aumentam sua influência junto ao seu time, principalmente quando são histórias cujo enredo e protagonistas giram em torno da cultura. A cultura de uma empresa pode ser definida pelas histórias que seus líderes contam.

Visitamos algumas empresas especificamente para descobrir o processo de storytelling adotado. As que nos chamaram mais atenção foram a Southwest Airlines e a Sewell, ambas com sede em Dallas, Estados Unidos. A primeira é uma empresa aérea que atua no segmento *Low Cost*; a segunda é uma empresa familiar de venda de automóveis para o segmento Premium. Apesar de voltadas para segmentos diferentes, as duas empresas tinham membros em comum em seus conselhos de administração. Havia diversas práticas coincidentes relacionadas à cultura. Entre elas, o rito de abrir reuniões contando histórias de sucesso. Em ambas as empresas, toda reunião com mais de três participantes era iniciada obrigatoriamente com um caso de sucesso envolvendo clientes. As melhores histórias, as mais elogiadas, eram repetidas na convenção anual, e as melhores dentre elas eram selecionadas para serem perpetuadas em vídeo, usadas em treinamentos da liderança e de integração. Lá tivemos a oportunidade de aprender como casos reais e espontâneos dos colaboradores são transformados em histórias, que, por sua vez, retroalimentam o senso de pertencimento à cultura.

5. ARTEFATOS, IDENTIDADE E MARCA

ARTEFATOS

São elementos tangíveis cujo simbolismo traz um significado relevante à cultura. Esses elementos podem ser um móvel (cadeira, mesa etc.), uma peça de decoração, um capacete, um quadro de aviso (tipo lousa) no qual diariamente é escrita uma frase, uma logomarca, uma foto. Os artefatos materializam um conceito abstrato e facilitam sua compreensão, por exemplo: quando visitamos a Zappos,[7] encontramos em um local de destaque uma réplica de um trono de rei, que simbolizava o valor que a empresa dava ao cliente. Os visitantes e os fornecedores que passavam por ali e perguntavam o que representava aquele trono obtinham a seguinte resposta: "Esse trono representa que essa empresa tem um rei, que é o nosso cliente."

IDENTIDADE E MARCA

Identidade está relacionada à presença de seus respectivos arquétipos, representações e as marcas dos produtos da empresa representadas, por exemplo: no escritório corporativo da Ambev em São Paulo, cada sala de reunião é denominada com marcas que a companhia possui, como: Guaraná, Stella, Brahma e outras.

A marca está diretamente ligada à estratégia de uma empresa e não deveria jamais estar desassociada da cultura. A identidade da marca reforça, por meio de um logo com suas fontes, seus traços e suas cores, o pertencimento ao conceito de grupo.

Conhecemos um grande grupo empresarial que opera em dezoito estados do país, com seis negócios, cinco marcas de produtos, além da marca corporativa. Cada negócio tem seus uniformes e artefatos próprios, com cores da marca local; seus executivos falam com orgulho das próprias operações,

---

[7] Zappos: empresa de varejo online de calçados e roupas, com sede em Henderson, Arizona, Estados Unidos, fundada em 1999 por Nick Swinmurn, Tony Hsieh e Alfred Lin. Em 2000, recebeu um forte investimento de capital do Venture Frogs, e Tony Hsieh passou a ser o CEO. Em 2009, foi adquirida pela Amazon pelo valor aproximado de 1,2 bilhão de dólares.

demostram pouco interesse em conhecer as demais operações e o resultado do grupo como todo. Em alguns encontros de líderes é comum, na sala, ter camisetas com mais de uma marca. Isso talvez não fosse tão estranho se todas as operações não vendessem exatamente o mesmo tipo de produto. Sim, o mesmo tipo de produto! No entanto, o grupo é muito bem-sucedido, com números, indicadores muito consistentes, e seus controladores estão satisfeitos. No entanto, o negócio poderia ter resultados ainda melhores se a identidade corporativa tivesse sob um branding único. Essa falta de unidade em torno de uma marca única não agrega nada para a construção do sentimento de pertencimento. Em vez disso, cria o ambiente ideal para o surgimento de silos culturais, a criação de processos próprios, além da duplicidade de processos e a contratação de um número maior de pessoas que o necessário.

6. RITUAIS

Na maioria das empresas existem muitas reuniões, mas poucos rituais de cultura são conduzidos, desenhados intencionalmente para estruturar e apoiar a cultura diferem das reuniões rotineiras, principalmente em relação ao objetivo, à duração, à condução, ao protocolo, à nomenclatura e ao uso de artefatos.

	Reuniões rotineiras	Ritos de cultura
Objetivo	AMPLO	ESPECÍFICO
	Definido por uma pauta que pode sofrer alterações, mas geralmente os objetivos são para: geração de soluções (brainstorming), follow-up de projetos, alinhamento, comunicação de um projeto, resolução de problemas e outros.	Os objetivos são direcionados para a construção da coesão, da harmonia e do bem-estar do grupo, como: celebração, confirmação, inspiração, integração, passagem, pertencimento, renovação, segurança e outros.
Duração	PREDEFINIDA	PREDEFINIDA
	Porém flexível, podendo terminar no horário ou não.	Rígida, termina no tempo previsto.
Condução	RÍGIDA	FLEXÍVEL
	Geralmente é conduzida pelo gestor.	Na maioria das situações, há um rodízio na coordenação.

	Reuniões rotineiras	Ritos de cultura
Protocolo	**FLEXÍVEL**	**RÍGIDO**
	Não há necessidade de seguir rito próprio, exceto nas reuniões de conselho.	Segue rito próprio e talvez seja uma das maiores diferenças.
Nomenclatura	**NÃO NECESSÁRIA**	**NECESSÁRIA**
	Poucas empresas batizam as reuniões convencionais com nomes.	Os ritos têm nomes específicos para diferenciar das reuniões convencionais, exemplos: *Morning Calls, Thinking Arena, Seals, DDS* (diálogo diário de segurança), *BS* (blitz de segurança), *DDE* (diálogo diário de excelência), *RFM* (revisão do farol de metas), *FS* (fator de sucesso), *Link, Encontro de Líderes, Convenção Anual* e outros.
Artefatos	**NÃO NECESSÁRIO**	**NECESSÁRIO**
	Na maioria das reuniões rotineiras, não há protocolo fazendo referência a artefatos.	Na maioria dos rituais, há a presença de artefatos.

Principais ritos que encontramos:

- **Celebração** — Comemoração de vitórias e superação; reconhecimento de protagonistas. É comum empresas que somente comemoraram seus resultados no final do ano e mesmo assim de maneira bem objetiva e breve. As empresas têm muito o que aprender com os esportes, essa é uma das melhores analogias de celebração e vem do vôlei. Nesse jogo foram criados minirrituais de feedbacks positivos, encorajamento e apoio que o time e os reservas praticam durante a partida. Eles vibram e celebram não só os pontos ao longo da partida, como também as defesas, os avanços e os saques bem-feitos.
- **Confirmação** — Reforço e sustentação de normas e processos operacionais. O reforço de procedimentos é necessário para toda empresa, sobretudo aquelas que possuem uma rotatividade elevada ou fizeram aquisições nos últimos anos.

- **Inspiração** — Rito de escrever na lousa ou no quadro uma frase inspiradora diária, que pode ser registrada pelo líder ou por um dos colaboradores. A frase geralmente é escrita em um quadro físico no qual todos do setor possam ler e se automotivar. Em alguns casos, em vez de ser escrita, ela pode ser lida para os demais.
- **Integração** — Acolhimento aos recém-contratados ou recém-transferidos; boas-vindas e engajamento à cultura. Cuidar bem de quem chega e de quem foi transferido alivia a tensão do novo membro e facilita o senso de pertencimento. O inverso é verdadeiro.
- **Passagem** — Homenagem pela efetivação pós-período de experiência; conclusão de programas internos como estágio ou trainee; homenagens para casos de movimentações por promoção, transferência interna ou expatriamento. Rito de passagem é uma expressão formal de demonstração de carinho, respeito e gratidão. Certa vez, um policial em São Paulo nos disse que, naquela semana, havia tido seu último dia de trabalho, encerrando com louvor uma carreira de trinta anos. Perguntamos a ele como é a cerimônia que o governo faz para os policiais que se aposentam. Ele disse que isso não existe. A única comemoração que houve foi uma iniciativa dos próprios amigos, que o levaram a um bar e lhe pagaram algumas coxinhas e cervejas.

  Deixar de realizar o rito de passagem de aposentadoria não é exclusivo da Polícia Militar. Desconhecemos essa prática em outras instituições, inclusive nas de ensino em que professores e executivos se aposentam, e não simplesmente saem da universidade ou da escola, e mesmo assim não há nenhuma manifestação oficial de reconhecimento ou de agradecimento. Em outros países é diferente, nos Estados Unidos, por exemplo, os ritos de passagem estão presentes no meio corporativo, nas instituições de ensino e em todas as instituições militares. Até mesmo cães militares (K9) são homenageados quando se aposentam. O fato de não termos esse hábito em nosso país não significa que o profissional não nos faça falta.

- **Pertencimento** — Fortalecimento do que já foi conquistado no passado e antecipação de metas ou sonhos ainda a serem conquistados no futuro. Comemorar o que ainda vai acontecer pode parecer estranho, mas é uma forma de transpor o grupo do presente para o futuro, facilitando a crença de que a estratégia ou as metas serão atingidas. Um rito milenar praticado por nativos aborígenes mais experientes era de, antes de sair para caçar, festejar o sucesso da caça que ainda não havia sido feita. Com isso, eles encorajavam os caçadores menos experientes a acreditar que seriam bem-sucedidos se caçassem juntos.
- **Renovação** — Reforço e fortalecimento na crença nos valores, princípios e demais elementos da filosofia corporativa. Por mais que os valores e os princípios sejam conhecidos por todos, sempre há elementos da filosofia corporativa que precisam ser revisitados e esclarecidos.
- **Segurança** — Um tipo de ritual de confirmação, porém específico para reforçar processos de segurança e conscientização de comportamentos seguros.

7. COORDENAÇÃO

É muito fácil disparar um processo de transformação de cultura, difícil é sustentá-lo e evoluir. O principal motivo para isso está relacionado principalmente a dois motivos:

1. rotatividade dos executivos-chave envolvidos no programa de cultura e
2. distrações corporativas.

ROTATIVIDADE DOS EXECUTIVOS-CHAVE DA CULTURA

Nós nos referimos à troca do CEO, do RH e dos demais *sponsors* do programa de cultura, tanto de membros do conselho quanto de executivos do C-Level.

PROBLEMA

Trabalhamos com uma grande multinacional de tecnologia, cujo CEO que nos contratou se empenhou pessoalmente no programa de cultura. Foi feito um alto investimento em comunicação e no desenvolvimento da liderança. Os resultados foram excelentes. Até hoje somos chamados por outras empresas por indicação de ex-executivos dessa multinacional, que trocaram de emprego e mesmo assim nos recomendam. Contudo, quando o CEO que nos contratou foi expatriado, o sucessor veio com outras prioridades. Além de focar esse novo projeto, o novo CEO nem sequer se interessou em saber o que havia sido feito em relação à cultura. Ele trocou o diretor de RH e deixou de lado tudo o que havia sido feito em relação à cultura pelo seu antecessor. O maior problema em deixar de focar um processo de transformação de cultura iniciado não está na perda do investimento financeiro e do tempo, e sim no fato de que um dia o tema "cultura" terá de ser retomado e será recebido com descrédito quando isso acontecer. Guardadas as devidas proporções, seria o mesmo desapontamento que uma marca de veículos provoca em seus consumidores quando deixa de operar no país, fecha suas fábricas e depois de alguns anos quer voltar.

SOLUÇÃO

Um comitê de cultura permanente e um cargo na alta gestão dedicado a ela — diretoria de cultura — validado pelo conselho minimizaria o risco de o tema ser descontinuado pela rotatividade dos executivos.

DISTRAÇÕES CORPORATIVAS

Nós nos referimos à mudança de sede, à implantação de sistemas complexos de ERP,[8] às aquisições ou fusões e à IPO.

PROBLEMA

Em uma empresa de distribuição de energia, estávamos conduzindo um trabalho de transformação de cultura, quando fomos atropelados por duas distrações de grande porte: a fusão com um parceiro internacional e a implantação de um sistema de ERP contratado em caráter de urgência em decorrência dessa fusão. Da noite para o dia, perdemos nossos pontos focais que foram deslocados para os comitês específicos com uma agenda intensa para atender a essas novas frentes de trabalho. O programa de cultura não foi interrompido, mas foi abalado pela ausência de pessoas-chave. Na frente fusão com o parceiro internacional, o programa cultura até que avançou e conseguiu contribuir muito, aproximando as duas culturas por meio de workshops de integração. Mas, na frente ERP, o programa cultura não pôde contribuir. Como resultado, o ERP previsto para ser implantado em seis meses durou quatorze meses, causando diversos problemas, entre eles: ficar duas semanas sem faturamento, o que trouxe transtornos e perda de alguns clientes para os concorrentes.

Sabemos que, quando se trata de qualquer uma das situações mencionadas anteriormente, tanto o CEO como seus diretores perdem suas agendas. No entanto, alguém precisa continuar dando atenção à cultura, afinal ela é como uma árvore que necessita de atenção e cuidados; sem isso, ervas daninhas podem comprometer a saúde desse sistema que é vivo.

---

[8] ERP: *Enterprise Resource Planning*, ou sistema de gestão integrado.

SOLUÇÃO

O conselho poderia ter uma agenda temporária gerenciando a cultura e dando suporte aos executivos destinados, ou um comitê de cultura com uma agenda menos intensa poderia ser constituído para temporariamente dar suporte ao programa.

CAPÍTULO 8

COMO TRANSFORMAR OU CONSOLIDAR UMA CULTURA

É SIMPLES, MAS NÃO É FÁCIL.

Elevar e sustentar a cultura de uma empresa até o nível 5 não é tarefa para qualquer um. Isso exige uma liderança corajosa e disposta a romper paradigmas.

Por um lado, afirmamos que é **simples**, porque essa transformação está embasada em uma única decisão. A partir do momento que o CEO ou o sócio majoritário comunica ao seu time o desejo de transformar ou estabelecer a cultura em consolidada e saudável, fica claro para seus diretos o caminho que a empresa tomou. A partir daí, é uma questão de alinhamento do time com o CEO.

Por outro lado, falamos que **não é fácil**, porque esse movimento, além de investimento de dinheiro, tempo e energia, necessita de apoio e encorajamento de sócios, do conselho e do *C-Level*. O CEO precisará de um RH que possa fazer parte desse escalão e que tenha uma comunicação e postura estratégicas.

Sem engajamento do CEO e do *C-Level*, não há transformação ou consolidação de cultura que se sustente. Juntos, eles têm o comando da empresa e a influência sobre as pessoas em suas mãos. Tudo de bom e, infelizmente, tudo de não tão bom que a empresa faz ou deixa de fazer é de responsabilidade direta ou indireta da alta gestão.

A partir do momento que a alta gestão reconhece que cultura consolidada e saudável significa resultados financeiros consistentes, seu interesse por esse tema muda. Sem essa percepção, sem esse comprometimento, qualquer iniciativa de consolidar a cultura corre o risco de terminar com belas frases escritas nas paredes, mas desconectadas da realidade.

O nível de engajamento da alta gestão no processo de consolidação da cultura deveria ser proporcional à atenção dedicada aos processos de IPO[1] ou M&A.[2] Nesses processos, a alta gestão inteira trabalha dia e noite, auxiliada por times de consultores, advogados e bancos, para transformar esses projetos em realidade. Evidentemente, a complexidade da documentação necessária, as certificações exigidas, as auditorias solicitadas e os prazos dos processos de IPO e de M&A não se comparam com as exigências necessárias para a consolidação da cultura, mas a seriedade e o comprometimento da alta gestão poderiam ser proporcionalmente os mesmos.

Deixamos aqui uma provocação: se a alta gestão encontra tempo, disposição e energia para se dedicar a esses processos, por que não se dedicar a transformar ou consolidar a cultura?

---

[1] IPO: *Initial Public Offering*, ou Oferta Pública Inicial, é a primeira ação de venda de ações ou títulos de uma empresa que deixa de ser de capital fechado (Ltda.) e passa a ser de capital aberto, tornando-se uma Sociedade Anônima (S.A.).

[2] M&A: *Merger and Acquisitions* é o processo de compra (aquisição) de uma empresa por outra ou de fusão consolidando os negócios.

PROCESSO DE TRANSFORMAÇÃO OU DE CONSOLIDAÇÃO DA CULTURA

Encontramos diversas práticas bem-sucedidas ao consolidar ou transformar uma cultura e selecionamos e agrupamos as seis melhores iniciativas.

1. Sem indignação, não há transformação.
2. Não deixe ninguém de fora.
3. Se o CEO é o arquiteto, o RH é o engenheiro.
4. Mapeie seu terreno.
5. Forme um time de líderes **accountables**.
6. Espere pedras no caminho.
7. Acerte na comunicação.
8. Não deixe pontos sem nó.

SEM INDIGNAÇÃO, NÃO HÁ TRANSFORMAÇÃO.

O mundo corporativo está cheio de grandes nomes de líderes corporativos que, mesmo ainda vivos e atuantes, já deixaram um enorme legado. São pessoas que trouxeram grandes contribuições para o conceito de gestão e cultura, bem como prosperidade para seus negócios, e, por tabela, distribuíram riqueza. Elon Musk, Henry Ford, Jeff Bezos, Soichiro Honda e Steve Jobs são alguns exemplos internacionais. Mas também temos excelentes nomes nacionais, como Guilherme Benchimol, Jorge Paulo Lemann, José Galló, Luiz Antonio Seabra e Luiza Helena Trajano.

Quando analisamos suas trajetórias, notamos que, em certo momento, esses líderes se mostraram indignados com algum produto, serviço, processo ou com os resultados produzidos. Com relação à cultura, acontece o mesmo; ela se transforma ou se consolida somente com forte desejo do CEO de mudar a realidade.

Mas, no caso da cultura, a indignação deve ser em relação a quê? Em relação aos sintomas da cultura doentia,[3] de ouvir frases e ficar passivo ao ouvir: "sempre trabalhamos dessa maneira", "todas as empresas têm esses problemas" ou "não há muito que possa ser feito".

Enquanto o CEO não se indignar com as desculpas que ele ouve e com as justificativas desnecessárias que recebe, não haverá nenhum tipo de transformação duradoura.

A história de algumas empresas já comprovou que indignação, raiva, ódio, amor e até inveja são sentimentos que, quando canalizados de maneira saudável e transformados em projetos, trazem resultados excelentes.

NÃO DEIXE NINGUÉM DE FORA.

O CEO tem a caneta na mão e pode decidir sozinho, mas vai precisar de apoio. A transformação ou consolidação da cultura implica mudanças de comportamentos e atitudes de toda a organização, e sem apoio e encorajamento fica difícil. As alianças que o CEO deve formar são com os controladores do negócio, o conselho, os sócios e seus executivos diretos. Todos precisam entender que o papel de uma cultura consolidada e saudável é nada mais que apoiar a estratégia do negócio.

SE O CEO É O ARQUITETO, O RH É O ENGENHEIRO.

O papel do RH é importantíssimo. É ele que coordenará a academia de líderes, o processo de storytelling e os rituais de cultura; integrará a filosofia corporativa com as políticas de gente & gestão; e coordenará direta ou indiretamente o processo de comunicação.

Porém, sem pertencer à alta gestão, o RH não tem força política para sequer convencer os executivos do C-*Level* sobre a importância dos rituais de cultura. Além disso, quando entrar em confronto, ele pode ficar à mercê de lideranças politicamente mais poderosas. Delegar a condução de uma ação

---

[3] Sintomas da cultura doentia, descritos no Capítulo 3.

tão complexa a um RH, que não tenha a força política necessária, pode "queimar" esse profissional, além de colocar em risco o processo como um todo. O CEO precisa contar com um RH que faça parte ou que tenha condições de ser promovido para fazer parte da alta gestão.

MAPEIE SEU TERRENO.

Por terreno de cultura, nos referimos a um exercício de identificar o momento da empresa em relação à cultura.

Para cada exercício, é necessária uma estratégia de movimentação de líderes diferente, uma vez que é natural que surjam resistências e é o CEO que deve decidir quem fica ou quem sai. CEOs que desconhecem esse conceito tendem a se conformar com as pessoas e a acatar elementos da filosofia corporativa antiga, com as quais não concordam, mas acabam sendo complacentes somente para agir de maneira democrática.

Encontramos três tipos de abordagens. São elas:

- **Greenfield:** Projeto de consolidação de cultura que deve partir do zero, todos os elementos da filosofia corporativa precisam ser elaborados. Essa abordagem é mais adequada para startups, aquisições ou empresas que, por algum motivo, o CEO decida não aproveitar nada do que já foi feito em relação à cultura.
- **Brownfield:** Projeto de transformação ou de consolidação da cultura que precisa levar em conta algo que já existe e está funcionando bem. Essa abordagem é mais adequada para empresas que têm atividade há algum tempo, nas quais o CEO deseja transformar ou consolidar a cultura, tornando-a saudável, sem descartar algo que está funcionando bem.
- **Greyfield:** Projeto de transformação que necessita fazer algo novo, removendo qualquer traço cultural anterior. Essa abordagem é mais adequada para casos de aquisições ou uma virada na gestão (*turnaround*), na qual o CEO deseja "passar uma borracha" no que já foi feito e partir para algo novo.

Seja lá qual for a abordagem, essa decisão deve vir do CEO, porque é ele quem será cobrado pela estratégia e pelos resultados do negócio.

FORME UM TIME DE LÍDERES *ACCOUNTABLES*.

Se o CEO é o arquiteto e o RH é o engenheiro, então os líderes são os pilares da obra. Sem eles, o edifício simplesmente não se sustenta. Quem está presente na área e fala com seu time diariamente é o líder. Quem dá exemplos positivos ou negativos para o time é o líder. Se o líder de uma área não comprar a ideia ou quiser boicotar o programa de cultura, esse programa ficará estagnado.

Não existe cultura consolidada e saudável sem um time de excelentes líderes, e a principal contribuição deles em relação à cultura é a de implantar rituais que deem suporte aos elementos da filosofia corporativa, principalmente aos valores e princípios.

ESPERE PEDRAS NO CAMINHO.

Mudança de comportamentos e atitudes é um desafio para todos. Para os mais novos, é um pouco mais fácil. Mas, para os antigos, pode ser bem complicado, principalmente para aqueles de cuja *expertise* técnica a empresa tem certa dependência. São esses que geralmente resistirão às mudanças, fortalecendo silos em suas áreas e influenciando outros a pensar de maneira contrária. Às vezes, uma metáfora do mundo dos esportes pode ajudar. Tanto no futebol como no basquete ou no vôlei, o jogador que confronta o técnico não é aquele que está no banco de reserva implorando para ser convocado. Quem resiste e desafia a autoridade é aquele que faz gols ou pontos e tem o carinho da torcida. Para confrontar esse tipo de jogador, o técnico precisa de muito respaldo político. O mesmo vale para uma empresa.

Não tenhamos ilusões: por mais inspiradores que sejam todos os textos da filosofia corporativa e por mais acertado o plano de comunicação, sempre haverá resistências. Seria ingenuidade presumir que todos estarão a favor.

Aprendemos durante mais de três décadas de consultoria que as pessoas não resistem às mudanças; o que elas não toleram é serem mudadas por outros, sobretudo pela forma que esses outros comunicam o que será mudado. Mudança de comportamentos e de atitudes é praticamente sinônimo de transformação e consolidação da cultura, porque, se não houvesse necessidade de novos comportamentos, não haveria motivo para transformar ou consolidar a cultura.

Listamos as cinco principais pedras que você poderá encontrar em seu caminho.

1. **Pessimismo** — Colaboradores pessimistas e resistentes são, na maioria das vezes, descrentes de si mesmos e dos próprios líderes. Essas pessoas apresentam pensamentos e opiniões negativos em relação à vida, ao futuro, à empresa e também ao país. Não acreditam na filosofia corporativa proposta e não trazem sugestões que contribuam para o programa. Precisam de uma liderança que os ajude a mudar o modelo mental, ou, então, deverão ser expelidos pelo gestor ou pelo próprio grupo. Caso contrário, terão de ser carregados, comprometendo o clima, a velocidade e o sucesso do programa de cultura.

2. **Indiferença** — Indiferença é pior que pessimismo. O colaborador pessimista se manifesta e assim fica mais fácil para o líder identificar e trabalhar com ele. Já com os indiferentes é mais desafiador porque eles simplesmente não se expõem, não fazem perguntas, não têm curiosidade, não falam sobre o assunto — e, se falarem, será de maneira apática, sem empolgação. Líderes precisam ficar atentos aos indiferentes.

3. **Desrespeito** — O desrespeitoso demonstra pouco caso com relação aos ativos tangíveis que são os bens da empresa, como: dinheiro, estoque, frota e equipamentos; e aos ativos intangíveis, as pessoas. Líderes precisam diminuir o nível de tolerância em relação a esse tipo de postura porque ela vai na contramão de transformar ou consolidar uma cultura saudável.

4. **Homers**[4] — Pessoas cujo modelo mental foi tomado pela Desculpability,[5] que é o hábito de dar desculpas, culpar os outros, as circunstâncias ou se justificar além do necessário. Esse comportamento começa como uma reação instintiva de defesa e, com o tempo, torna-se um hábito, evoluindo para um modelo mental estruturado e permanente. A Desculpability provoca um enorme custo operacional para as organizações, em forma de retrabalho, desperdício e excesso de pessoas para desempenhar uma operação.

Os Homers manifestam seu modelo mental mediante dez comportamentos, e todos eles são nocivos à família, à sociedade e ao trabalho:

- Agem como vítima.
- Fingem que não está acontecendo nada.
- Apontam culpados.
- Justificam sem necessidade.
- Envolvem outros no problema.
- Têm um roteiro de desculpas padronizadas.
- Reclamam de tudo.
- Fazem as coisas por interesse próprio.
- Fazem tarefas de má vontade.
- São individualistas.

Homers precisam de líderes que forneçam feedbacks francos e enfrentamento saudável.

5. **Tóxicos** — Às vezes, o problema está mais acima, é o caso de um ambiente de trabalho nada saudável provocado por uma liderança tóxica. Esse tipo de gestão é caracterizado por ego exagerado, centralização, baixo nível de autonomia ao time e truculência desnecessária no trato com as pessoas. Esse ambiente de trabalho produz um clima que destrói a autoestima do

---

[4] Homer: personagem da animação Os Simpsons.
[5] Livro *Desculpability: Elimine de vez as desculpas*, de João Cordeiro.

time, impedindo de florescer qualquer elemento da cultura saudável. Por mais competente que o líder seja tecnicamente, seu estilo de gestão jamais pode estar à frente da cultura. É o estilo de gestão do líder que deve estar a serviço da cultura, e não o contrário. A probabilidade de uma cultura consolidada e saudável se desenvolver nesse ambiente é zero.

ACERTE NA COMUNICAÇÃO.

Para acertar a comunicação, é necessário um plano não convencional que se afaste um pouco do padrão do mercado. O que é muito comum é decorar a empresa, pintar paredes, instalar cartazes e banners e gerar descansos de telas com frases inspiracionais. Comunicar a filosofia corporativa deve ser estratégico e orquestrado, algo que faça com que a mensagem chegue intencionalmente a cada nível da liderança e dos demais colaboradores, no tempo, no formato e na intensidade certos.

Esse capricho ao comunicar estrategicamente evita dois erros clássicos: o erro de atropelar a liderança e o de não se respeitar as diferenças do organograma.

ATROPELAR A LIDERANÇA.

Um dos maiores equívocos cometidos nos lançamentos de campanhas de transformação da cultura é disparar a decoração da empresa com os valores e princípios antes de preparar devidamente o campo com a liderança. Pintar as paredes e decorar o ambiente é uma etapa importante, porém, antes do tempo correto, vai mais atrapalhar do que ajudar, pois essa iniciativa pode comprometer o engajamento emocional dos líderes com a missão de desdobrar a cultura. A partir do momento que a empresa foi caracterizada com valores e princípios, praticamente a comunicação já foi feita. Nesse momento, os líderes inconscientemente interpretam que a cultura já foi desdobrada, se afastam dessa missão e delegam de modo inconsciente a responsabilidade de sustentá-la ao RH.

O engajamento emocional dos líderes com a filosofia corporativa será estabelecido pela *Voz do Dono*, que é quando o CEO ou o presidente explica a relação da estratégica com a cultura.

CEOs ou presidentes, independentemente de serem extrovertidos, reservados, sérios ou brincalhões, sempre transmitem admiração, respeito ou temor, pelo peso do cargo que ocupam. É nesse ambiente e diante da maior autoridade da empresa que o engajamento emocional em relação à cultura é construído. Líderes convidados em grupos de acordo com o nível hierárquico para uma conversa exclusiva e reservada com o CEO se sentirão privilegiados por receberem a mensagem antes do restante da empresa. Durante a Voz do Dono, o tom da comunicação deve ser coerente com a urgência da transformação da cultura; dessa maneira, o CEO pode optar por endereçar essa fala em formato de um gentil convite, de um pedido de ajuda, de uma convocação ou até mesmo de uma firme determinação. Independentemente do tom, a Voz do dono deve ocorrer bem antes de o restante da empresa ter contato com o conteúdo da filosofia corporativa.

NÃO RESPEITAR AS DIFERENÇAS.

Existe um conceito universal de etiqueta de gentileza, que é respeitar a ordem da importância das pessoas em uma família, instituição ou empresa.

Colocar todos os níveis de liderança em uma sala como se não houvesse diferenças entre eles é no mínimo indelicado. Agrupar *C-Level*, diretores, gerentes e coordenadores e passar a informação para todos ao mesmo tempo pode ser prático do ponto de vista da logística e de custo, mas é um desastre em relação ao respeito às individualidades. Esse conceito é milenar, os romanos já sabiam que um centurião não podia receber informações ou ordens na frente de seu pelotão. Se a empresa trata seus líderes de maneira diferente em termos de remuneração, benefícios e outros privilégios, o mesmo nível de respeito e diferenciação deve ser aplicado no processo de cascateamento da comunicação da cultura. Ficou confuso?

Desenhamos uma sequência do que acreditamos ser um plano de comunicação estruturado, composto de sete macroetapas:

1. **Voz de Donos:** É exatamente isso, no plural, Voz de Donos. Significa que todos os líderes estão comunicando a mesma mensagem em momentos diferentes. Voz de Donos, no uníssono, traz harmonia e afinação da mensagem. É altamente saudável para o processo de transformação ou consolidação. Já o contrário, vozes de donos, significa um ambiente que reflete conflito, competição e dissintonia entre a alta liderança. É impossível uma cultura se consolidar de maneira saudável nessas condições.

MOMENTO DO CEO

Etapa inicial na qual o CEO apresenta pessoalmente a filosofia corporativa, faz conexão da cultura com a estratégia e alinha com o C-Level o papel de cada um no cascateamento para baixo. A comunicação da transformação de cultura deve ser uma mensagem forte e uníssona, portanto nenhum dos executivos do primeiro escalão pode ficar de fora desse processo, nem mesmo o ocupadíssimo CFO.

MOMENTO DO *C-LEVEL*

A partir do segundo escalão, o *C-Level* deve assumir gradativamente um papel mais protagonista no processo de desdobramento com seus diretos, geralmente, gerentes. A presença do CEO é importantíssima e de preferência deve ser física, mas, caso a agenda não permita, um vídeo muito bem produzido no qual a imagem e a voz do CEO comuniquem a filosofia corporativa pode ser uma alternativa.

MOMENTO DOS GERENTES

A partir do terceiro escalão, é a vez dos gerentes assumirem o papel de protagonista, cada um deve comunicar para a própria área, assistidos por alguns membros do *C-Level* e reforçados com o vídeo do CEO. Esse processo deve ser repetido até o último escalão de liderança.

2. **Conteúdo digital fechado:** É um plano de comunicação detalhando as etapas de lançamento enviadas diretamente para os dispositivos da liderança em uma sequência que respeite os devidos níveis hierárquicos, em que os diretores recebem antes dos gerentes, os gerentes recebem antes dos coordenadores e assim por diante. Nesse momento, o restante da organização ainda não recebeu oficialmente nenhuma informação sobre a filosofia corporativa. Provavelmente já há rumores, em função da rádio-corredor ou da fofoca, que é um canal espontâneo de comunicação e, nesse contexto, é muito saudável ao processo de disseminação da cultura.

3. **Conteúdo impresso:** São peças da campanha de comunicação colocadas nas mesas ou enviadas para as casas dos colaboradores, respeitando a ordem hierárquica da empresa. É o primeiro contato dos colaboradores (não gestores) com os elementos da filosofia corporativa. Esse material impresso provocará curiosidade em alguns colaboradores, fazendo-os procurar seus líderes com perguntas, o que é um ótimo sinal de que o movimento de comunicação está funcionado de baixo para cima. Um bom motivo para o líder compartilhar mais detalhes e dar feedbacks de reforço. Mas, em outros colaboradores, esse material impresso não gerará nenhuma reação, indicando provavelmente um sinal claro de apatia e desinteresse. Um bom motivo para o líder conduzir feedbacks de alinhamento e avaliar se não é um caso de pedra no caminho.

4. **Artefatos:** Aplicação de algumas partes da filosofia corporativa, sobretudo valores e princípios, e da marca em peças tangíveis, como crachás, bonés, uniformes, capacetes, botas, veículos da frota, mascote e outros. O design aplicado deve ser criterioso, quanto mais bem-feita for a peça, maior o desejo de recebê-la por parte do colaborador. Fizemos um trabalho para uma grande multinacional de varejo que operava lojas em aeroportos em diversos países, os uniformes das equipes eram tão bonitos que parentes dos funcionários e clientes expressavam o desejo de tê-los.

5. **Decoração:** Aplicação dos valores e de alguns princípios na recepção, nos corredores, nas salas de reunião e nos espaços de convívio. Nesse momento, toda a organização já está informada dos principais elementos da filosofia corporativa.

6. **Conteúdo digital aberto:** Divulgação dos principais elementos da filosofia corporativa no site oficial da empresa e nas redes sociais corporativas. Nesse momento, fornecedores e clientes passam a ter contato com a filosofia corporativa.

7. **Alinhamento com gente & gestão:** A partir desse momento, a filosofia corporativa já deve entrar em processo progressivo de entrelaçamento com as políticas, os processos, os sistemas de gente & gestão. Os primeiros processos a serem impactados deveriam ser o recrutamento e a seleção, o programa de integração (*onboard*), e a primeira ferramenta de gestão deveria ser o código de conduta.

NÃO DEIXE PONTOS SEM NÓ.

Como podemos ter certeza de que, com o tempo, tudo o que foi feito em relação à cultura não se perca? Mesmo com todas as etapas sendo feitas corretamente, ainda há grandes chances de o programa todo desandar. Basta a empresa não atrelar a cultura com processos de gente e tolerar desvios de comportamentos.

Uma pequena parcela da população sempre tentará pegar atalho moral, fazendo o que não é o certo, tratando as pessoas de maneira inadequada e apostando na impunidade. O desvio de conduta, por menor que seja, se não for corrigido rapidamente, desmoraliza não só o programa de cultura, como também a própria imagem da alta gestão.

Para isso não ocorrer, duas frentes são fundamentais: gente & gestão e gestão por consequência.

GENTE & GESTÃO

Trata-se de um conjunto de políticas, processos e sistemas coordenados, que fornecem estrutura, coordenação e controle da gestão de pessoas. Existem diversas ferramentas de gente & gestão ativas no mercado, algumas são nativas de determinada empresa, desenhadas exclusivamente para aquele contexto.

Outras são de domínio público e aplicadas por diversas empresas. As quinze mais praticadas são:

1. Processo de recrutamento e seleção.
2. Programa de novos talentos — estágio e trainee.
3. Programa de integração ou **onboard**.
4. Sistema de feedback e avaliação de desempenho (180° ou 360°).
5. Organização e classificação de talentos — 9Box.
6. Plano de cargos e salários.
7. Gestão de benefícios.
8. Plano de carreira.
9. Experiência do colaborador — **employee experience**.
10. Programa de treinamento e desenvolvimento.
11. Academia de líderes.
12. Programa de meritocracia.
13. Ciclo de gente.
14. Xadrez de gente.
15. Pesquisa de clima e engajamento.

Independentemente do tamanho da empresa, todas as ferramentas que estruturam o processo de gente & gestão deve estar a serviço da cultura. Ferramentas desalinhadas com a cultura cedo ou tarde vão atrapalhar o processo de consolidação. Para que isso não ocorra, elas precisam estar absolutamente entrelaçadas com a filosofia corporativa. É muito comum encontrarmos excelentes trabalhos de desenho de cultura, desalinhados com as ferramentas de gente & gestão, porque esses processos foram introduzidos na empresa em épocas e contextos diferentes.

Fomos chamados por um CEO de uma empresa do agronegócio para diagnosticar o motivo pelo qual os valores e princípios recentemente renovados e divulgados não estavam sendo praticados. Com pouco tempo de análise, encontramos diversas lacunas no processo de gente & gestão com a nova filosofia corporativa. Por exemplo, o uso de avaliação de desempenho, em cuja lista de critérios a serem avaliados estava: comprometimento, motivação, trabalho em equipe, ética, entre outros — que, além de serem critérios já ultrapassados, eram conceitos relacionados ao primeiro conjunto de valores corporativos que essa empresa havia criado há mais de dez anos. Uma ferramenta completamente desalinhada com a filosofia corporativa. Além disso, no programa de meritocracia havia uma brecha que permitia a distribuição de bônus levando em conta o esforço do executivo, mesmo que ele não tivesse atingido o percentual mínimo de 80% para ser beneficiado. Essa falha no programa fez com que todos os executivos recebessem bônus sem realmente merecer. Essa prática seria o equivalente a um campeonato de futebol premiar times que se esforçaram muito, mas não fizeram gol nem ganharam partidas.

GESTÃO POR CONSEQUÊNCIA

A educação preventiva do que é certo e errado, a postura firme da alta gestão e a rápida reação demonstrando indignação e punição proporcional são elementos essenciais para o estabelecimento da ordem e do respeito. Para proteger a cultura e não permitir que ela se desmoralize, quatro pilares são essenciais:

POLÍTICAS DE GESTÃO

São regras ou acordos que deixam claro aos líderes que, diante de uma denúncia devidamente apurada, a alta gestão não ficará em silêncio e não será conivente com o desvio de conduta, independentemente do cargo que seja foco da denúncia. O oposto de gestão por consequência é a gestão por impunidade. A cultura consolidada e saudável não convive com a impunidade, uma desmoraliza a outra.

CÓDIGO DE CONDUTA

Já mencionamos no capítulo anterior.

CANAL DE DENÚNCIA

Já mencionamos no capítulo anterior.

COMPLIANCE

Essa palavra vem do inglês *to comply*. Significa agir de acordo com uma regra, uma política ou uma determinação. Processos e políticas de compliance orientam como o líder ou o executivo deve proceder diante de situações como: compras, recebimento de brindes, participação pessoal em negócios que conflitam com os interesses ou imagem da empresa e diversas outras situações que envolvam uma decisão ética. Compliance necessita de gestão e, dependendo do tamanho e da área de atuação, de estrutura própria com cargos permanentes.

Todas essas quatro frentes, inclusive compliance, estão relacionadas a comportamentos e precisam estar a favor da cultura.

CAPÍTULO 9

QUEM JÁ GANHOU DINHEIRO COM CULTURA

"Nenhuma empresa pode sobreviver por muito tempo, muito menos ser ótima, sem grandes pessoas e uma cultura forte."
— Gary Kelly, CEO da Southwest Airlines

Tomamos o cuidado de colocar o verbo no passado no título deste capítulo — *"quem já **ganhou** dinheiro com cultura"* — para deixar claro que não estamos afirmando que empresas tidas como bem-sucedidas neste livro não necessariamente continuarão com esse desempenho no futuro. Essa nossa preocupação se baseia em três razões:

1. Não sabemos como ficará o mercado depois da Covid-19.
2. Empresas se fazem a partir de decisões tomadas diariamente por humanos; ninguém acerta sempre, errar é inevitável.
3. Nenhuma empresa está blindada contra problemas. Das 500 maiores empresas do mundo listadas pela *Fortune* em 1955, 440 estão fora da lista de 2021. A maioria ainda continua operando, umas entraram em processo de recuperação financeira e outras simplesmente desapareceram.

Acreditamos que, independentemente do futuro, uma cultura consolidada e saudável, embasada no pensamento de dono, fornecerá as condições ideais para a alta gestão articular estratégias de recuperação e implantar soluções antes de seus concorrentes. Exatamente isso, uma cultura consolidada e saudável faz a empresa sair na frente. As organizações com cultura consolidada e saudável reagirão mais rápido e terão mais chances de se recuperar em relação às empresas de culturas convencionais.

Neste capítulo, teremos a oportunidade de conhecer casos interessantíssimos de empresas que conseguiram transformar e consolidar suas culturas, tornando-as rentáveis para os investidores, referência para o mercado e saudáveis para os colaboradores e o meio ambiente. Toda vez que nos deparamos com culturas consolidadas, nos desperta a curiosidade de conhecê-las, visitá-las e, principalmente, obter respostas para as perguntas que vêm à nossa cabeça:

- Como foi o processo de transformação ou consolidação?
- O que elas fizeram de diferente em relação a seus concorrentes?
- Quanto tempo levou até a cultura se consolidar?
- Quem foi o protagonista desse processo?
- O que essas empresas estão fazendo hoje para sustentar a cultura?

As respostas para essas e outras perguntas podem ser encontradas neste capítulo. Mas não espere uma tabela explícita com perguntas e respostas. As respostas foram propositalmente inseridas de maneira sutil, nas entrelinhas dos casos. Com um pouco de atenção e pensamento investigativo, você as encontrará.

EMPRESAS QUE PRECISAM SER ESTUDADAS

Independentemente do porte ou do setor, todas as empresas merecem ser analisadas, pois temos muito a aprender com elas. Vale a pena estudar algumas empresas mais a fundo em função de suas culturas. É preciso certa cautela ao afirmar que uma empresa está ganhando dinheiro exclusivamente por causa da cultura. São tantas variáveis que influenciam o resultado final de um negócio que afirmar que a cultura é o único fator responsável pela performance é, no mínimo, uma análise precipitada ou imatura. Talvez o mais prudente seja afirmar que a cultura é o principal fator responsável pela saúde organizacional.

Para validar esse conceito, iniciamos, há dez anos, intensa pesquisa para encontrar empresas que realmente tenham tido resultados conscientes de longo prazo e cujo ambiente de trabalho não seja tóxico, ou seja, culturas **consolidadas** e **saudáveis**. Encontramos diversos exemplos que por si só já mereceriam um livro. Entre as empresas nacionais, começamos nossa triagem inicial com cinquenta e, por fim, escolhemos vinte empresas para fazer uma imersão:

> Ambev, Arezzo, Baterias Moura, Banco C6, Bradesco, Cacau Show, Cibra, Embraer, Itaú, Localiza, Magalu, Natura, Neoenergia, Nubank, Renner, Reserva, Sabin, Weg e XP.

Entre as estrangeiras, começamos nossa triagem inicial com cem empresas, extraídas de rankings como o da *Fortune 500*, e escolhemos também vinte para a imersão:

> Accenture, Adobe, Amazon, Apple, Cargill, Caterpillar, Deloitte, DHL, Disney, Google, Hilton, Hyatt Hotels, Ikea, Marriott International, Mercadona Espanha, Microsoft, REI, SalesForce, SAP, Sewell e Takeda Pharmaceutical.

Nosso critério de seleção foi a consistência de LLC,[1] a facilidade de acesso às informações, o acesso ao *C-Level* e os depoimentos de RHs, de ex--colaboradores e consultores que acompanham o dia a dia dessas empresas há muito tempo. Dessa lista de quarenta empresas, selecionamos cinco, sendo três brasileiras — Magalu, Lojas Renner e Cibra Fertilizantes — e duas norte-americanas — Southwest Airlines e Sewell. Apesar de serem empresas de natureza de negócio completamente diferentes, todas possuem traços de cultura em comum.

Dividimos os *cases* em três blocos:

- Contexto — breve resumo sobre a empresa.
- Dez momentos da linha do tempo — datas e períodos de destaque.
- Breve análise da cultura — principais práticas.

MAGAZINE LUIZA, APELIDO MAGALU
CONTEXTO

A cultura do Magalu é composta basicamente de cinco pilares, muito bem detalhados por meio de dezessete princípios de comportamento.

Um desses valores é simplicidade e inovação. Quem não conhece a história da empresa pode imaginar que se trata apenas de palavras bonitas, que ficam bem em qualquer quadro no hall de entrada. Mas o hábito de ser simples, inovar e ouvir a opinião dos outros vem desde o início de suas operações.

Em 1957, logo após ter comprado uma loja chamada A Cristaleira, em Franca, dona Luiza Trajano Donato (tia da atual presidente do Conselho de Administração da rede, Luiza Helena Trajano Inácio Rodrigues) teve a ideia

---

[1] LLC: Lucro Líquido por Colaborador, uma métrica que desenvolvemos internamente para mensurar a consistência de resultados por número de colaboradores, sem termos o conhecimento de que esse critério é usado por algumas (poucas) indústrias.

de mudar o nome da loja mediante um concurso aberto aos ouvintes de uma rádio local. O nome vencedor foi Magazine Luiza.

Identificamos nessa iniciativa alguns traços bem interessantes da essência do DNA, como a simplicidade, a humildade e a coragem. **Simplicidade** ao pedir a opinião de outros: só quem tem genuína humildade faz isso. **Inovação** porque alterar o nome da empresa mediante uma pesquisa junto à população era uma atitude mercadologicamente ousada em 1957. E **coragem** porque não era comum uma mulher assumir a frente dos negócios naquela década, muito menos fazendo grandes mudanças logo no início

Já a resposta carinhosa da população, ao escolher o nome da proprietária como o nome da loja, é reflexo do acolhimento e do bom atendimento que desde o início faziam parte da imagem da empresa e da identidade da marca. O Magalu está no segmento de varejo, mas poderia facilmente migrar para qualquer outro, tamanha é sua capacidade de inovação.

Em 2003, quando muitas empresas do setor ainda estavam tentando entender o e-commerce, o Magalu já dava os primeiros passos rumo à transformação digital ao lançar o avatar Lu, para auxiliar as compras pela internet.

Em 2015, quando o mercado passou realmente a fazer a transformação digital, toda a força de vendas do Magalu já havia recebido smartphones para apoiar as vendas pelo programa *Virada Mobile*.

Para os mais céticos em relação à consistência da cultura dessa empresa, sugerimos que façam o cálculo do LLC dessa empresa e comparem com seus concorrentes diretos. Os resultados são surpreendentes.

Ao estudarmos a linha do tempo da empresa, ficamos surpresos com a quantidade de vezes em que identificamos ações inovadoras, tanto na área comercial como na plataforma digital, na gestão de pessoas ou em atividades de cunho social sem fins lucrativos.

DEZ MOMENTOS DA LINHA DO TEMPO

- **1957:** A empresa é fundada na cidade paulista de Franca, pelo casal Luiza Trajano Donato e Pelegrino José Donato.
- **1991:** Luiza Helena Trajano, sobrinha da fundadora Luiza Trajano, assume a superintendência da companhia.
- **2004:** Aquisição de 51 lojas da rede Lojas Arno. Os pontos de venda saltam de 186 para 237. Frederico Trajano torna-se diretor de vendas de lojas físicas, da internet e de marketing.
- **2005:** Aquisição das Lojas Base Móveis e Eletro, composta de 66 lojas, além das lojas Kilar e das lojas Madol.
- **2008:** O Magazine Luiza entra no mercado da cidade de São Paulo, inaugurando 44 lojas simultaneamente.
- **2010:** Aquisição da rede Lojas Maia, com cerca de 150 unidades espalhadas pelo Nordeste.
- **2011:** Aquisição de 121 lojas do Baú da Felicidade, do Grupo Silvio Santos. O Magazine Luiza torna-se o segundo maior grupo varejista de eletrônicos e eletrodomésticos do Brasil. A empresa passa a ser listada na BM&F Bovespa.
- **2017:** Aquisição da Integra Commerce, especializada em relacionamento entre lojistas e plataformas digitais abertas ou *marketplaces*. Lançamento do Canal da Mulher, canal de denúncia para casos de violência contra a mulher. O avatar Lu ajudou a aumentar as vendas online em 56% no primeiro semestre. As vendas do e-commerce cresceram 47% em relação ao ano anterior, representando 30% do faturamento da empresa.
- **2019:** Aquisição da Netshoes. Aquisição das lojas Armazém Paraíba no Pará e no Maranhão. Mais de mil lojas. Desde a abertura do capital em 2011, as ações valorizaram mais de 1.000%.
- **2020:** Aquisição do marketplace de livros usados Estante Virtual, que pertencia à Livraria Cultura.

BREVE ANÁLISE DA CULTURA

Além de elaborar valores e princípios próprios, em total alinhamento com a essência de seu negócio, o Magalu soube implantar excelentes ferramentas de sustentação. Uma cultura tão consolidada e saudável produz, por si só, subvalores saudáveis, como a *autonomia* dos colaboradores, que faz parte do modelo de gestão Magalu. Esse valor pode ser percebido até mesmo pelos outsiders — por exemplo, no programa *Maga Local*, uma iniciativa que encoraja os gerentes de loja a produzir vídeos de propaganda, com a própria equipe de vendas, para divulgar nas redes sociais promoções pontuais de suas lojas. O programa partiu de um vídeo[2] produzido na loja de Avaré, em 2017, que se tornou viral, com milhares de visualizações e centenas de compartilhamentos.

Em 2020, diante da pandemia de Covid-19, a empresa tomou as seguintes decisões: 1) redução em 80%, por um período de três meses, dos salários de seus dois principais executivos, o CEO e o vice-presidente de operações; 2) redução de 50% da remuneração para os doze diretores executivos e os sete membros do Conselho de Administração; 3) redução de 25% nos salários dos demais diretores.

FILOSOFIA CORPORATIVA

Os cinco macrovalores estão muito bem definidos, em frases curtas e com uma linguagem simples. São inspiracionais e muito eficientes para o desenvolvimento de Accountability, colaboração, atendimento e vendas.

Ao todo, são dezessete comportamentos, princípios claríssimos, que não deixam espaço para dúvidas nem dão margens a interpretações equivocadas.

Gente que gosta de gente
- Trabalha de forma colaborativa, tratando todos, sem exceção, com humildade, respeito e calor humano.
- Trabalha com energia positiva e comemora resultados.
- Contribui para atração, formação e retenção de talentos.

---

[2] BASSETTE, Fernanda. Vídeo Maga Local. *Veja*, 19 jul. 2017.

- Olha no olho: constantemente dá e procura receber feedbacks construtivos com clareza e honestidade.

Atitude de dono

- Toma decisões pensando no longo prazo da empresa como um todo e em todos os integrantes da cadeia (ganha-ganha).
- Faz mais com menos.
- Levanta a barra. Tem alto nível de exigência consigo e com os demais.
- Pratica e valoriza a meritocracia, em que a entrega diferenciada é reconhecida e recompensada.

Mão na massa

- Trabalha duro.
- Promove e vivencia os pilares da cultura da empresa.
- Aprofunda-se e toma decisões corretas, baseadas em fatos, dados e intuição.
- Gasta a sola do sapato e está próximo da sua linha de frente.

Simplicidade e inovação

- É ousado e criativo. Desafia premissas existentes, propõe abordagens melhores e não tem medo de errar.
- Estimula e exerce autonomia com responsabilidade.
- Está sempre aprendendo. Executa com velocidade, testa e redireciona rapidamente.

Cliente em primeiro lugar

- Coloca o interesse do cliente final à frente em suas ações e decisões.
- Tem paixão por vender/servir e encantar.

VOZ DO DONO

- Presença marcante de Luiza Helena Trajano e Frederico Trajano na mídia, disponibilidade para dar entrevistas e palestras, além de participar de atividades sem fins lucrativos.

- TV Luiza — canal de comunicação semanal, às quintas-feiras, que utiliza um canal de satélite dedicado, com transmissão ao vivo para todas as lojas, com foco em motivação e engajamento para vendas.

LÍDERES *ACCOUNTABLES*

- Calendário de encontros com a liderança.
- Posicionamento estratégico, evento que ocorre duas vezes ao ano: um encontro no início do ano para o lançamento de metas e outro no final do ano para a comemoração das metas atingidas.

RITUAIS

- Rito de comunhão — todas as segundas-feiras, pela manhã, há um encontro com cânticos do Hino Nacional, hino do Magalu, informações das áreas de negócios e frases inspiracionais para elevar os pensamentos.
- Reunião matinal — diariamente, em todas as mil lojas, com duração média de quinze a vinte minutos.

LOJAS RENNER

CONTEXTO

É difícil analisar a cultura da Lojas Renner sem partir da figura emblemática de José Galló. Ele não fundou a empresa nem faz parte da família Renner. Foi contratado como auxiliar financeiro em 1991 e se tornou o principal protagonista da transformação da cultura das Lojas Renner. Em 1999, ele assumiu o comando da empresa, fundada em 1922.

Grande apreciador do conhecimento, apaixonado por leitura, Galló implantou para seus líderes diretos um programa de leitura compulsória, usando o *Método Cumbuca*.³ Fez do benchmarking um hábito: ele e seus executivos visitavam constantemente empresas de varejo, como a H&M e a Zara. Ao encontrar algo diferente e inovador, fazia perguntas para si e para seus executivos: "Como eles conseguem fazer isso e nós não fazemos?" ou "Como a Zara consegue abrir tantas lojas no mesmo ano, na China?". Sob sua gestão, foi sanada a delicada situação financeira da empresa e o número de lojas passou de oito para 560.

O Método Cumbuca e o benchmarking produzem sinergia de humildade. Realizadas sistematicamente, essas duas iniciativas bloqueiam em parte o fortalecimento do ego e, consequentemente, da húbris corporativa. Por exemplo, muito antes de o conceito de autosserviço de copa se tornar "moda", já era costume na Renner os próprios diretores se servirem de água e café. Cumbuca e benchmarking desenvolvem a percepção de que os executivos não são os donos da verdade — há sempre espaço para aprender, se o olhar for de eterno aprendiz.

Ao transferir o comando para seu sucessor, José Galló conseguiu o que poucos CEOs conseguem: deixar uma cultura consolidada e saudável. O legado de pensamento de dono que ficou é raro, muito difícil de obter. A maioria dos 19 mil funcionários pensa e age como donos da empresa, que, a rigor, é uma empresa que não tem um dono.

A Renner não tem a presença de um fundador, de uma família controladora ou de um sócio majoritário. Desde 2005, 100% de suas ações são comercializadas no mercado, ou seja, é por definição uma *corporation*, o que é raro entre as empresas nacionais. Criar pensamento de dono em uma *corporation* é um desafio enorme, mesmo para os padrões internacionais existem poucos casos bem-sucedidos lá fora.

---

3 Cumbuca: método de aprendizado pela leitura, disseminado no Brasil pelo professor Vicente Falconi na década de 1990. Consiste em sortear um participante de um grupo para conduzir debate sobre o livro indicado por um orientador. Os nomes dos participantes são escritos em pedaços de papel e colocados em uma cumbuca. No início do encontro, o nome de uma pessoa é tirado da cumbuca. E essa pessoa faz a abertura do encontro, facilita a discussão e faz o fechamento com as lições aprendidas e suas aplicações na empresa.

Nas Lojas Renner, a cultura é muito bem estruturada em torno do encantamento do cliente. A busca por encantá-lo tornou-se uma religião; a loja, um templo; e seus líderes, evangelistas. A saúde organizacional da Lojas Renner é também fortalecida pela coordenação e pelo controle financeiros e, por isso, consegue o que nem todas as empresas conseguem: operar muito bem tanto na escassez quanto na fartura de recursos.

A cultura é veloz na correção de desvios operacionais. Quando uma loja não opera bem, ela rapidamente deve corrigir o que pode estar atrapalhando. A retenção de talentos não é feita com dinheiro, e sim com desafios e carreira. Não existe o costume de segurar um executivo com uma contraproposta de salário maior que qualquer oferta que tenha recebido do mercado. E todos sabem que, pela política da empresa, quem sai dificilmente volta.

DEZ MOMENTOS DA LINHA DO TEMPO

- **1912:** Em 2 de janeiro, Anton Jacob Renner funda, em São Sebastião do Caí, no Rio Grande do Sul, a tecelagem A.J. Renner & Cia. Produzia capas masculinas em pura lã impermeabilizada por meio de um processo patenteado por ele. As amplas capas, inspiradas nos ponchos gaúchos, com aberturas para as mãos nas laterais, podiam cobrir o cavaleiro e seu cavalo e se tornaram famosas em todo o estado, com o nome de capa ideal.
- **1916:** Adoção do sistema de três turnos, com jornada de trabalho de oito horas, atendendo a uma reivindicação dos trabalhadores e demonstrando visão social, uma raridade na época.
- **1945:** Abertura da primeira loja de departamentos, que vendia eletroportáteis, móveis, utensílios para o lar, artigos para presente, artigos esportivos, bazar, cama, mesa e banho.
- **1967:** Abertura de capital da Lojas Renner.
- **1990:** Entrada de José Galló na empresa. Posicionamento como loja de departamentos de moda.

- **1991:** Lançamento da filosofia de encantamento — segundo a qual não basta satisfazer, é preciso superar as expectativas dos clientes.
- **2005:** J. C. Penney optou pela venda do controle da companhia mediante oferta pública, tornando a Lojas Renner a primeira companhia no país a ter seu capital pulverizado e quase 100% das ações em circulação.
- **2008:** Lançamento do Instituto Lojas Renner, iniciativa que busca a inserção da mulher no mercado de trabalho por meio do investimento em projetos de geração de trabalho e renda. Como o "Mais Eu", em que, durante alguns dias do ano, 5% do faturamento das Lojas Renner são destinados a projetos e ações sociais que beneficiam mulheres em todo o Brasil.
- **2011:** Aquisição da Camicado, focada no segmento de casa e decoração.
- **2018:** Eleita a Empresa do Ano pela revista *Exame*, destacando-se entre as quinhentas maiores companhias do país em vinte setores analisados.

ANÁLISE DA CULTURA

FILOSOFIA CORPORATIVA

A filosofia corporativa da Renner é composta de oito valores. Cada valor é explicado na primeira pessoa do plural: "nós". A filosofia corporativa da Renner reúne os valores e os princípios necessários para colocar toda a sua liderança no modo "pensar e agir como donos" e o objetivo é claro: encantar o cliente. A empresa acertou em cheio ao escolher, como um dos valores, "Donos do negócio". Se não fosse assim, a chance de instalar subculturas com pensamentos individualistas seria grande, considerando-se o tamanho da empresa e a ausência de um dono majoritário.

Os valores:

Encantar

É nossa realização: nos colocamos no lugar de nossos clientes, fazendo por eles tudo aquilo que gostaríamos que fizessem por nós. Devemos entender seus desejos e suas necessidades, exceder suas expectativas e, assim, encantá-los. Não somos meros colaboradores, somos encantadores de clientes. Não temos SAC, pois cada um de nós é um SAC: surgiu um problema, resolva-o imediatamente.

Nosso jeito

Somos uma empresa alegre, inovadora, ética, austera, de portas abertas e na qual a comunicação é fácil e transparente. Fazemos as coisas de forma simples e ágil, com muita energia e paixão. Nosso negócio é movido por persistência, criatividade, otimismo e muita proximidade com o mercado.

Gente

Contratamos, desenvolvemos e mantemos as melhores pessoas, que gostam de gente, que têm paixão pelo que fazem e brilho nos olhos. Trabalhamos em equipe, e nossas pessoas têm autoridade e responsabilidade para tomar decisões. Proporcionamos a mesma escada para que todos os colaboradores possam subir na velocidade de seus talentos, esforços e resultados.

Donos do negócio

Pensamos e agimos como donos de nossas unidades de negócio e somos recompensados como tais. Temos senso de urgência, atitude e agressividade na busca das melhores práticas, garimpando todas as oportunidades que aparecem no mercado. Tomamos decisões, correndo riscos com responsabilidade. Aceitamos os erros que resultam em aprendizado, sem buscar culpados, mas causas que devam ser corrigidas. Somos responsáveis pela perpetuação da Renner, principalmente pelas atitudes e pelos exemplos: o exemplo vale mais que mil palavras.

Obstinação por resultados excepcionais

Somos responsáveis por gerar resultados, e não apenas boas ideias. São eles que garantem nossos investimentos, dão retorno aos acionistas, proporcionam nossa remuneração e viabilizam nosso crescimento e continuidade em longo prazo.

Qualidade

Desenvolvemos e implantamos padrões de excelência em tudo o que fazemos, uma vez que tudo o que fazemos pode ser melhorado. Nossos produtos e serviços têm os mais altos níveis de qualidade: isso está em nosso DNA.

Sustentabilidade

Nossos negócios e atitudes são pautados pelos princípios da sustentabilidade. Buscamos, além dos resultados financeiros, o desenvolvimento social e a redução dos impactos ambientais, sempre atuando de acordo com as melhores práticas de governança corporativa.

Adoramos desafios

Não sabendo que é impossível, nós vamos lá e fazemos!

VOZ DO DONO

Liderança forte do ex-CEO José Galló, personagem com presença marcante nas mídias. A publicação de seu livro *O Poder do Encantamento* deixa um legado de conteúdo para os futuros líderes.

LÍDERES *ACCOUNTABLES*

- Todos os diretores fazem uma jornada individual de autoconhecimento.
- Programas de coaching com duração de um ano.
- Trainees: o atual presidente, Fabio Faccio, entrou na empresa como trainee.
- Plano de Desenvolvimento Individual (PDI) como processo contínuo, envolvendo gestor direto, RH e consultorias, com as dimensões: técnica, comportamental, pessoa, líder e líder de cultura.

ARTEFATO

As salas do corporativo foram reformadas, inclusive a sala do conselho, porém as cadeiras foram reformadas, funcionando como uma memória tangível de tempos difíceis e um lembrete da importância de não gastar além do necessário, referência clara ao valor Obstinação por resultados excepcionais.

CIBRA
CONTEXTO

Em 2012, em seu primeiro dia de trabalho na Cibrafértil, em Camaçari, na Bahia, o executivo colombiano Santiago Franco — já contratado como CEO da empresa — ficou chocado com o que viu. A empresa parecia abandonada. Cerca de setenta colaboradores trabalhavam em um ambiente com paredes sujas, os vidros das janelas estavam empoeirados, o refeitório não tinha condições básicas de higiene e os banheiros não estavam equipados. O clima de trabalho era pesado.

A falta de cuidado não se revelava apenas nas instalações físicas: ele mesmo, ao chegar, foi recebido com descaso. Não havia uma cadeira disponível na mesa que ocuparia. Quando perguntou onde deveria se sentar, ouviu de um gerente que, se cedessem uma cadeira a ele, algum outro colaborador teria de ficar em pé.

Santiago pegou o Gol 1.0 que tinha alugado, foi até o centro comercial mais próximo e comprou uma cadeira. Revestida com um tecido que imitava pele de jacaré, essa cadeira foi usada até 2018, quando foi trocada por uma mais atual por questão ergonômica. Mas ela está até hoje lá, como um artefato que simboliza três valores da empresa: coragem, simplicidade e pensamento de dono.

Além de comprar a própria cadeira, Santiago comandou uma operação de faxina para dar ao escritório as condições de saúde mínimas para se trabalhar. Depois, vieram as necessidades operacionais, como rede de wi-fi, equipe financeira, DP e time comercial. Montada a estrutura, com recordes de produção sendo batidos ano a ano, o trabalho de formação da cultura foi iniciado.

Em vários níveis do organograma, surgiu a oposição, com resistência a alinhar-se aos comportamentos e às atitudes esperados. Três altos executivos, incluindo o diretor comercial e alguns executivos de nível médio foram desligados por falta de alinhamento. Essa medida corajosa foi fundamental para interromper o modelo de silos que já estava instalado. Sem esses desligamentos, a Cibra dificilmente teria conseguido se transformar.

DEZ MOMENTOS DA LINHA DO TEMPO

- **1994:** Fundação, com o nome Cibrafértil, pelo grupo Paranapanema.
- **2012:** A empresa é vendida para a Abonos Colombianos (Abocol), braço de fertilizantes do grupo Omimex. Contratação do CEO Santiago Franco. Início da reunião mensal com toda a empresa, chamada Reunião de fatores de sucesso. Produção: 200 mil toneladas.
- **2014:** Produção: 300 mil toneladas.
- **2015:** Contratação da diretora de RH Cristina Oliveira e início do tema "cultura". Novas instalações corporativas. Aquisição das fábricas de Paranaguá, PR, e de São Francisco do Sul, SC. Implantação do SAP. Produção: 900 mil toneladas.
- **2016:** Contratação do CFO. Construção da fábrica de Cristalina. Produção: 1 milhão e 100 mil toneladas.
- **2017:** Mudança do nome para Cibra. Início do rito diário DDE (Diálogo Diário de Execução) nas fábricas. Desligamento de três altos executivos e executivos médios por não alinhamento à cultura. Produção: 1 milhão e 200 mil toneladas.
- **2018:** Parceira técnica e comercial com a inglesa Sirius, atual Global. Produção: 1 milhão e 400 mil toneladas.
- **2020:** Produção: 1 milhão e 700 mil toneladas.

BREVE ANÁLISE DA CULTURA

Apesar de não ter mudado de segmento e não ter alterado seu controle acionário, a Cibra que foi constituída em 2012 não é a mesma. Ano após ano, a empresa se reinventa, mudando constantemente sua forma de trabalhar, sem perder sua essência. Tivemos a oportunidade de fazer diversas visitas à empresa e, toda vez, encontramos uma Cibra renovada, sempre em ebulição por alguma iniciativa ou um projeto novo, mas sem se afastar de sua crença original.

Os executivos que entrevistamos, tanto os antigos quanto os mais novos, confirmam essa percepção. Segundo eles, a resiliência em relação a transformações é uma das características mais impressionantes dessa cultura. E a capacidade de evoluir constantemente produziu um efeito secundário muito saudável: o de ter um ambiente de *Learning Organization*, em que as pessoas estão permanentemente abertas para aprender. Isso é tão forte que chegamos a ouvir de uma executiva que o que ela havia aprendido na Cibra em um ano foi mais do que aprendera na empresa concorrente em quatro.

O colaborador é acolhido, com sua experiência técnica, desde que não entre em conflito com os valores da empresa. "A gente traz nossa experiência de fora, mas sem alterar o jeito de ser da Cibra", ouvimos de um dos entrevistados.

A Cibra compilou toda a sua filosofia corporativa, incluindo o manifesto, a missão, a visão, a proposta de valor, os valores e os princípios em um único livreto denominado *Manifesto do Presidente*. Ao contrário da filosofia corporativa de empresas convencionais, cujo texto está apenas no site ou nas paredes, na Cibra, o *Manifesto do Presidente* é usado o tempo todo e em diversos momentos, inclusive a integração de um novo colaborador, seja ele analista, seja executivo, seja membro do *C-Level*. É usado também nas reuniões diárias e como guia de conversas dos gestores com seus times. Um gestor nos contou que o *Manifesto do Presidente* fazia parte do seu dia a dia e que ele não se separava desse livreto. Ouvimos também diversos relatos sobre o quanto os valores da empresa e a forma como eles são trabalhados fazem bem às pessoas. "Quando um colega chega e nos diz: 'Você tem que melhorar seu processo', não vemos como uma interferência, e sim como uma contribuição de dono".

A empresa conseguiu transformar sua cultura em três anos, sem abrir mão de um clima saudável. Os resultados operacionais são inegáveis. Entre todas as frases que ouvimos, a mais impactante foi: "A experiência que estamos vivendo é tão rica que gostaríamos que outros tivessem essa mesma oportunidade."

FILOSOFIA CORPORATIVA

Manifesto do Presidente

Livreto com toda a filosofia corporativa, assinado pelo colaborador, executivo ou gestor no momento da integração.

Propósito

Fertilizar parcerias para colher resultados.

Visão

Alavancar o crescimento da agricultura brasileira, sendo a alternativa diferenciada e profissional no fornecimento de fertilizantes, assim como uma excelente empresa para se trabalhar.

Valores

- Simplicidade
- Coragem
- Transparência
- Senso de dono
- Colaboração
- Respeito

Proposta de valor

- Qualidade
- Flexibilidade
- Agilidade

VOZ DO DONO

Presença marcante do CEO nos rituais diários, semanais e mensais e sua atuação protagonista nos encontros de líderes e nos workshops.

LÍDERES *ACCOUNTABLES*

Encontro de líderes — encontro mensal com toda a liderança.

COMBATE À HÚBRIS CORPORATIVA

Os valores simplicidade e respeito são trabalhados intensivamente, não deixando espaço para o surgimento de egos.

Ambiente de *learning organization*, que encoraja o líder a se colocar na postura de aprendiz.

RITUAIS

- DDE (Diálogo Diário de Execução): reunião matinal com aproximadamente quinze minutos de duração, cuja condução é rotativa entre os colaboradores, os analistas, os executivos e os gestores.
- Fatores de sucesso: reunião mensal de apresentação de resultados para 100% da companhia.

SEWELL

CONTEXTO

A família Sewell vende carros desde 1911, praticamente desde o início da existência desse mercado, considerando-se que o primeiro Ford[4] havia sido vendido apenas oito anos antes.

---

[4] O primeiro Ford vendido foi um modelo A, em julho de 1903, para um médico, doutor Ernest Pfinnin, de Chicago, Estados Unidos. Mas não foi o primeiro automóvel vendido no país, este foi um Winton, em abril de 1898, montado por Alexander Winton, um fabricante de bicicletas que o produziu por encomenda para o industrial Robert Allison, de Port Carbon, Estados Unidos.

O primeiro contato que tivemos com a cultura dessa empresa foi por meio do best-seller *Customers for Life*,[5] de Carl Sewell Jr. Ficamos impressionados com a filosofia de vida de Carl Sewell Jr. e com a forma como ele soube transformar crenças pessoais em uma cultura que encanta clientes e colaboradores, gerando resultados consistentes. Os conceitos eram tão fora do comum para a época que chegamos a ficar desconfiados. Seria tudo aquilo verdade? E, se fosse, como ele teve coragem de divulgar seus segredos para o mercado, inclusive para os concorrentes? Então resolvemos entrar em contato e arriscar um pedido para uma visita técnica.

Para nossa surpresa, fomos muito bem recebidos por Charles Besio,[6] diretor de marketing na época, que, além de responder às nossas perguntas, nos autorizou a visitar qualquer uma de suas operações pelo tempo que fosse necessário. Em 2005, realizamos o primeiro de uma série de tours técnicos para conhecer a fundo a cultura Sewell. A agenda era intensa, com cinco dias para entrevistar executivos do escritório corporativo, conhecer o processo de venda de novos e seminovos e o pós-venda de todas as lojas do grupo. Só não entrevistamos clientes, mas não foi necessário: por meio da observação do processo de atendimento, foi possível comprovar que a cultura está a serviço do encantamento do cliente. O lucro seria consequência.

Logo no primeiro dia, todas as nossas dúvidas deixaram de existir: realmente tudo o que estava no livro era verdade! Tivemos a oportunidade de entrevistar Carl Sewell Jr. e perguntar a ele se não havia se arrependido de ter tornado públicos seus segredos, até para os concorrentes. Ele nos respondeu: "Os concorrentes acham que já sabem tudo. Dificilmente vão ler o que você escreve."

---

[5] O livro *Customers for Life: How to turn that one-time buyer into a lifetime customer* ["Clientes para Sempre: Como transformar aquele cliente eventual em um cliente eterno", em tradução livre] foi lançado em 1990, vendeu mais de 1 milhão de cópias e foi traduzido para dezenove idiomas. No Brasil, foi lançado em 1993, com o subtítulo "Como o atendimento em algumas concessionárias GM consegue transformar compradores ocasionais em clientes frequentes".

[6] Charles Besio — carinhosamente chamado de Chip — leciona Marketing na Southern Methodist University, Dallas.

Desde então, mantivemos contato com os executivos da Sewell. De lá para cá, a cada dois, três ou cinco anos voltamos em busca de atualizações e sempre encontramos novidades.

Carl Jr. começou a trabalhar na empresa de sua família aos quatorze anos, lavando peças de motores, e ganhava um dólar por hora. Esse início precoce permitiu que observasse seu pai tomando decisões difíceis no negócio, o que propiciou um enorme aprendizado de valores, principalmente da ética.

Logo após o término da Segunda Guerra Mundial, houve uma bolha de consumo no mercado norte-americano. Em um único sábado, cerca de oitocentos clientes entraram na Sewell Village Cadillac, na esquina da Mockingbird com a Preston Road, em Dallas. Todos as concessionárias da região aproveitaram essa oportunidade para aumentar seus preços, tirando vantagem da euforia do consumidor. O pai de Carl Jr. poderia ter feito o mesmo, mas se recusou a aumentar o valor dos carros. Vendeu todo o seu estoque sem aumentar um único centavo. Os clientes que compraram naquele período ficaram surpresos e comentaram isso com seus familiares, amigos e vizinhos sobre essa postura ética. Alguns dos clientes que não tinham conseguido ser atendidos, por falta de carros, aguardaram uma nova remessa. Anos depois, ainda havia clientes que entravam nas lojas contando essa história.

Carl Jr aprendeu com o pai o hábito de perguntar aos clientes o que podia ser melhorado. Em uma dessas interações, ouviu de um cliente que, apesar de gostar muito dos serviços da Sewell, ele se incomodava por ter de chamar um táxi ou pedir para um parente ir buscá-lo quando levava o carro para uma revisão. Carl Sewell Jr. se perguntou: "E se eu tivesse alguns carros para emprestar, de graça?" A partir daí, criou o programa *Loan Cars* para os clientes, iniciando com apenas cinco carros próprios. O cliente deixava o carro para uma revisão completa ou para uma simples troca de óleo e saía com um Cadillac ou Lexus da Sewell, com meio tanque de combustível, sem pagar um centavo por isso. O programa foi iniciado em 1995. Quando fizemos nosso último tour técnico, em 2019, a Sewell já tinha uma frota de oitocentos Lexus e Cadillac exclusivamente para emprestar aos clientes. Hoje alguns grandes operadores nos Estados Unidos copiaram esse processo e também oferecem carros para empréstimo, mas são poucos veículos à disposição, ninguém consegue chegar nem perto da frota que a Sewell tem. Somente nesse serviço ao cliente, a Sewell mobiliza, de seu caixa, 44 milhões de dólares por ano, considerando um preço médio de 55 mil dólares por carro. Parte desse investimento é recuperado com a venda desses carros na operação seminovos, mas mesmo assim é muito dinheiro.

Em 2005, uma cliente mandou um e-mail dizendo que adorava o serviço da empresa, mas não gostava da fragrância que era pulverizada pelo aromatizador. No e-mail a cliente disse que o aroma da loja não estava no mesmo nível dos carros vendidos lá e que era um perfume "pobre". A Sewell decidiu mudar, mas é difícil escolher um aroma que agrade a todos. Então tiveram a ideia de colocar um aroma que dificilmente causa rejeição: cookies de chocolate! Todas as lojas têm copas de autosserviço, com água, chá e café. Nelas, foram instalados fornos elétricos que assam cookies em alguns horários pela manhã e à tarde. Dependendo do horário que o cliente entrar nas lojas, ele se surpreende com a sensação de ter entrado em uma confeitaria e fica mais surpreso ainda ao saber que pode comer quantos cookies quiser. É claro, sem pagar nada por isso.

A empresa recebeu diversos prêmios por excelência de serviço.

Praticaram *inovação disruptiva*[7] em vários processos. Por exemplo, foi a primeira concessionária de automóveis a abrir sua área de pós-venda (oficina) aos sábados.

A Sewell trabalha atualmente com dezesseis operações, vendendo marcas premium como Audi, BMW, Buick, Cadillac, INFINITI, Lexus, Mercedes-Benz e Subaru. Todas estão no Texas, mas a empresa recebe pedidos de clientes de diversas localidades dos Estados Unidos. Enquanto estávamos lá, acompanhamos uma venda para Portland, uma para Nova York e outra para Boston. Vender automóveis nos Estados Unidos não é para qualquer um: é o segundo maior mercado do mundo, com uma fortíssima competição entre os

---

[7] *Inovação disruptiva* é um termo que descreve a inovação tecnológica, de produto ou de serviço que apresenta características "disruptivas", representando uma ruptura com os padrões, os modelos ou as tecnologias já estabelecidos no mercado.

16.682 operadores,[8] mas, para uma empresa que tem uma cultura como essa, dificilmente vão faltar clientes. Em 2019, a Sewell vendeu 40 mil automóveis e teve uma receita bruta de 2,2 bilhões de dólares.

DEZ MOMENTOS DA LINHA DO TEMPO

- **1911:** A Sewell começa como concessionária de carros, loja de ferramentas e cinema. No começo do século XX, ninguém sabia se a venda de automóveis poderia dar certo, mas a crença era de que a forma como se trata o cliente é mais importante do que vender.
- **1929:** Ocorre a Grande Depressão. Os três bancos em que Carl Sewell Sr. colocou seu dinheiro fecham, todos no mesmo dia. Então ele se dirige à pequena cidade de Crane, no oeste do Texas, onde haviam sido descobertos campos de petróleo. Lá começa um negócio de carros e conhece sua futura esposa, Louise.
- **1972:** Em 5 de maio, Carl Sewell Sr. foi trabalhar normalmente de manhã. À tarde não se sentiu bem; foi para casa e, no final do dia, veio a falecer. Seu legado de liderança passa para seu primo John e seu filho Carl Sewell Jr. Os princípios de serviço de Carl Sewell Sr. permanecem vivos até hoje.
- **1990:** Carl Sewell Jr. compartilha seus segredos de serviço no livro *Customers for Life*. O livro torna-se um best-seller traduzido em dezenove idiomas e com mais de 1 milhão de cópias vendidas.
- **1995:** Início do serviço de empréstimos de carros aos clientes.
- **2004:** Inauguração da Sewell Cadillac of Grapevine, perto do Aeroporto Internacional DFW.
- **2010:** Aquisição da Audi North Houston, acrescentando um serviço sofisticado a uma marca sofisticada. Inauguração da Sewell Subaru na Lemmon and Lovers.

---

[8] Segundo a NADA (National Automobilie Dealership Association), relatório anual de 2019.

- **2011:** Cem anos de empresa. Inauguração da Cadillac em West Houston. Aquisição da INFINITI Fort Worth.
- **2016:** Inauguração da Sewell Audi em Sugar Land. Inauguração da Sewell Mercedes-Benz em West Houston.
- **2017:** Inauguração da Sewell BMW em Grapevine. Inauguração da Sewell Audi em McKinney.

BREVE ANÁLISE DA CULTURA

Assim como outros estados norte-americanos, o Texas decretou isolamento social no primeiro trimestre de 2020 em função da pandemia de Covid-19. A Sewell teve seu negócio impactado, ficou 75 dias sem operar. Todas as concessionárias da região reduziram o quadro de colaboradores, demitindo mecânicos, lavadores de carro e parte da equipe de vendas. A Sewell não demitiu ninguém. Além de manter 100% de seu quadro, manteve a média de remuneração variável inclusive da equipe comercial. Essa decisão gerou três reações inesperadas: 1ª) os funcionários da Sewell da área de pós-vendas (lavadores de carros, mecânicos e recepcionistas) começaram a receber mensagens de seus amigos, funcionários de concessionárias concorrentes, perguntando: "É verdade que ninguém aí foi demitido?"; 2ª) houve um aumento de 40% no número de currículos recebidos, comparando com o mesmo período de 2019; 3ª) alguns concorrentes ligaram reclamando dessa postura da Sewell, porque seus ex-funcionários desligados tinham avisado que não voltariam a trabalhar com eles.

A cultura se revela por meio de três pilares: processos consistentes, qualidade do clima e desejo de permanecer na empresa, medido pelo índice de rotatividade. Segundo pesquisa apresentada pela *AutoSuccess*,[9] a rotatividade de colaboradores no setor de vendas de carros no mercado norte-americano é, em média, de 47% para o quadro geral e 67% para vendedores. A rotatividade da Sewell, em 2019, foi de 9% para o quadro geral e 15% para

---

[9] ABBOTT, Chase. The true cost of turnover and how dealerships can fuel retention. *AutoSuccess*, 19 jul. 2018.

vendedores. Considerando-se que, nos Estados Unidos, o custo de seleção, contratação e treinamento de um novo vendedor fica em torno de 10 mil dólares, pode-se avaliar em dólares o benefício que a cultura consolidada e saudável traz para o negócio. Só no processo de retenção provocado pela cultura, a Sewell economiza alguns milhares de dólares.

Além da redução das despesas de contratação, quanto menor a rotatividade, maior a consistência dos processos. Da mesma forma como o motor de um carro esportivo só pode receber óleos especiais, a Sewell é criteriosa com a entrada de novos vendedores. Sua política de gente e gestão não permite a contratação de ex-vendedores de automóveis, sob hipótese nenhuma. Eventualmente, contrata ex-vendedores de imóveis ou de moda, mas, preferencialmente, seleciona estudantes do último ano de formação acadêmica nas universidades próximas.

Os novos vendedores entram na empresa por um programa intitulado *Shadow*. O novo vendedor recebe remuneração fixa e um carro 0km da marca com a qual vai trabalhar e passa a acompanhar um vendedor sênior, responsável pelo seu treinamento. O *Shadow* não atende clientes e não vende carros, ele apenas observa e aprende.

O período de treinamento é flexível, com duração de 4 a 6 meses, dependendo do indivíduo, pois, afinal, "cada pessoa tem uma velocidade diferente para aprender", segundo Joe Stallard, diretor de RH. Ao final desse período, é realizada uma reunião com o novo vendedor, o vendedor sênior que o treinou e o gerente da operação. Em conjunto, eles decidem se esse novo profissional está pronto para trabalhar sozinho no *showroom* de vendas ou se ainda precisa de algum reforço técnico. Entrevistamos uma jovem *Shadow* que estava em treinamento havia um mês e meio. Perguntamos a ela o que havia aprendido até então. Sem precisar consultar suas anotações, ela soube falar os principais momentos da história da empresa, os tópicos mais relevantes do código de conduta, a importância do uso correto do *tag name*, os valores e os princípios, as dez *regras de ouro* e o processo de atendimento e vendas da Sewell, além de ter lido o livro *Customers for Life*. Finalizamos a entrevista perguntando como se sentia com relação ao emprego e ela respondeu que "hoje eu sinto que posso ser uma pessoa melhor, graças aos valores da Sewell".

FILOSOFIA CORPORATIVA

Valores

São sete valores, escritos em formato de parágrafos, usando a primeira pessoa do plural, com os verbos no futuro. Esse conjunto de valores norteia a forma como a gestão conduz o negócio.

- Estaremos no topo, comparados aos padrões comerciais adequados de desempenho, em todas as funções, departamentos e concessionárias.
- Buscaremos a qualidade e a lucratividade, com o objetivo de permanecer nos negócios e fornecer empregos para nosso pessoal.
- O desenvolvimento de nosso pessoal é essencial para nosso crescimento e futuro sucesso. Forneceremos treinamento e educação para incentivar o emprego em longo prazo e o avanço profissional de todos os nossos associados.
- Nós nos esforçaremos para melhorar e inovar constantemente em tudo o que fazemos.
- Ganharemos e reconquistaremos a boa vontade e a confiança de nossos clientes e colegas todos os dias.
- Os mais altos padrões éticos orientarão tudo o que fizermos.
- Nossos fornecedores são importantes para nosso sucesso. Estabeleceremos relacionamentos de longo prazo com fornecedores cujos valores e qualidade são consistentes com os nossos.

Princípios

Os princípios estão impressos em um cartão em formato frente e verso, no tamanho aproximado ao de um maço de cigarros, para servir como guia para todos os colaboradores. Os princípios da Sewell estão divididos em duas categorias: Negócios, voltados para a gestão; e Regras de ouro, voltadas para procedimentos de atendimento.

Negócio

- O reconhecimento é o mais poderoso incentivo.
- Comemore as conquistas.

    Nunca delegue seu agradecimento. Há muitas coisas que você pode delegar, mas agradecer não é uma delas. Se você agradece ao cliente por sua compra, você deve agradecer também a quem vendeu.

- "Bastante bom" não é bom o bastante.
- As expectativas de nossos clientes continuam aumentando. Vá além.
- Sua mãe tinha razão.

    Demonstre respeito pelas pessoas. Seja gentil. Isso funciona.

- A venda deve ser precisa como um espetáculo teatral.

    Crie uma experiência agradável. Estude seu papel e o represente bem.
    A precisão mostra às pessoas o que valorizamos.

- Sempre que o cliente perguntar se é possível fazer algo, desde que seja algo relacionado ao carro comprado, a resposta é "sim".

    E ponto final.

- Mantenha a promessa feita quando o serviço foi contratado.

    Faça o que foi prometido no momento em que deve ser feito. Isso é o mínimo.

- Pergunte-se se algo é importante para o cliente ou apenas faz você se sentir melhor.

Revise periodicamente todas as etapas de sua operação. Isso torna mais fácil encontrar o que pode ser aperfeiçoado.

- Ganhos de qualidade.

A integridade de nosso trabalho é fundamental. Tudo o que fazemos deve ser consistente com nossos valores.

- O atendimento ao cliente é uma estratégia de negócios.

Nada disso importa se você não tem lucro.

Regras de ouro

Um resumo de dez princípios (mandamentos) aplicados exclusivamente ao atendimento aos clientes:

Sejamos completamente profissionais e genuinamente cuidadosos. Os mais altos padrões éticos devem guiar tudo o que fizermos.

- Seja pontual.
- Use seu *tag name* de identificação — um *tag name* é muito diferente de um crachá convencional, que é um pedaço de plástico pendurado com um cordão, chegando até o meio da barriga. O *tag name* é uma plaqueta imantada, fixada na altura do coração, com a logo da Sewell, o nome e o sobrenome do colaborador.
- A regra dos três metros: cumprimente todos em um raio de três metros.
- Abra as portas para os outros e segure-as.

- Use o nome do cliente, com o tratamento adequado: senhor, senhora, você ou outros.
- Acompanhe os clientes em sua movimentação.
- Seja educado em seu modo de falar em todas as interações.
- Mantenha seu espaço de trabalho limpo e organizado.
- Ofereça-se para carregar as coisas para as pessoas.
- Evite comer, beber, mascar chicletes, usar óculos escuros ou usar o celular na frente de nossos clientes.

VOZ DO DONO

- Todo novo colaborador passa, no primeiro dia, por um processo de integração com a família Sewell.
- Toda semana os líderes das operações têm uma reunião com a terceira geração da família.

LÍDERES *ACCOUNTABLES*

- Líderes são formados internamente. A empresa não contrata, do mercado, líderes já formados.
- Vendedores são formados internamente. A política da empresa não admite contratar vendedores com experiência no mercado de automóveis.

COMBATE À HÚBRIS CORPORATIVA

- Colocar o cliente sempre em primeiro lugar.
- As queixas ou os elogios recebidos dos clientes são registrados e tratados com muita seriedade.

RITUAIS

- Fixação do *tag name* na parte superior da camisa ou do blazer e do lado do coração, antes de entrar na loja. Ninguém deve entrar nas dependências da Sewell sem estar visivelmente identificado pelo *tag name*. Esse procedimento ajuda o colaborador a fortalecer o compromisso de pertencimento.
- Reuniões matinais diárias com duração de dez a quinze minutos, nas três áreas: venda de novos, venda de seminovos e pós-venda. Toda reunião deve começar com uma história positiva de atendimento a clientes. Em seguida, algum tópico da regra de ouro deve ser lido e comentado. No corporativo, toda reunião deve começar com uma história positiva de atendimento a clientes em uma das lojas.
- Histórias de experiência do consumidor são contatadas e repetidas inúmeras vezes, porque, segundo o diretor de RH, Joe Stallard, "quando conta histórias, você ajuda as pessoas a preencher os espaços em branco".

SOUTHWEST AIRLINES
CONTEXTO

Uma conversa de bar entre dois amigos, um desenho em um guardanapo e um empréstimo de 500 mil dólares. Foi assim que a Southwest começou. A conversa foi em um hotel em San Antonio; os amigos eram Rollin King e Herb Kelleher; e o rabisco era um triângulo que representava a primeira rota que a empresa operou: Dallas-San Antonio-Houston-Dallas.

Desde sua fundação, o DNA sempre foi atuar no segmento *Low Cost*. O baixo custo faz parte de suas operações de embarque, de voo, de serviço de bordo e de desembarque. A estratégia de baixo custo permeia toda a empresa e todos os serviços que oferece. Um bom exemplo é que opera com um único tipo de aeronave, o Boeing 737,[10] e tem a maior frota desse modelo no mundo. Com isso, o estoque de peças é mais fácil de ser controlado. A formação dos mecânicos ocorre quase por osmose, e o custo dos treinamentos dos pilotos é mais barato, porque as variações técnicas na família do 737 são mínimas.

Amenidades dispensáveis, como revistas de bordo, travesseiros, cobertor e refeições quentes, não são oferecidas. O valor do bilhete inclui um pacote de amendoins e um refrigerante. Em contrapartida, a Southwest oferece o menor preço possível para a passagem aérea, com um serviço básico muito bem executado que inclui segurança, pontualidade, um dos melhores sistemas de entretenimento de bordo do mercado norte-americano e — o mais importante — cortesia de sua leal tripulação. Os resultados são impressionantes: completando 49 anos em 2020, somente nos dois primeiros anos a empresa não obteve lucro.

Até o final de 2019, havia cerca de oitocentas companhias aéreas comerciais ativas no mundo. Nenhuma outra apresenta 47 anos consecutivos de lucro. A Southwest poderia ser uma empresa de alta performance com um péssimo ambiente de trabalho, mas não é o caso.

A Southwest não demite facilmente seus colaboradores nas crises de mercado. Não demitiu ninguém em 2001, após o ataque às Torres Gêmeas, que provocou um colapso no setor aéreo norte-americano; não demitiu ninguém com a queda do mercado imobiliário em 2008; e foi a que menos demitiu desde o início da pandemia de Covid-19. Essa lealdade aos colaboradores é correspondida com zelo com o patrimônio da empresa, com processos executados com capricho, com o clima entre os funcionários e com o desejo de permanecer na empresa.

A Southwest tem o menor índice de rotatividade do setor aéreo norte-americano, embora a remuneração chegue a ser 17% menor que a média do setor. Trabalhar lá é o sonho de muita gente: a empresa recebe quase sete vezes mais pedidos de emprego do que o número total de colaboradores que

---

[10] A Southwest é a maior operadora mundial do Boeing 737, e foi o cliente de lançamento dos modelos 737-300, 737-500 e 737-700. A única exceção foi um breve período em que alugou algumas aeronaves Boeing 727-200.

tem. Em 2016, foram 342 mil pedidos. Mas pouco mais de 2% desse total são contratados. É o maior vestibular corporativo dos Estados Unidos, e um dos maiores do mundo. É muito comum uma pessoa dar uma festa para seus amigos e familiares ao receber a notícia de que foi admitido na Southwest.

E por que tanta gente quer trabalhar lá se vai ganhar menos? A resposta é que ganham menos nos salários fixos, mas podem ganhar muito mais com os bônus anuais. Além disso, o mercado sabe que quem trabalha lá tem mais autonomia, o estilo de liderança não é autoritário e há um excelente clima de trabalho.

Esse é um caso de cultura consolidada e saudável. Um dos traços mais interessantes dessa cultura é a diversão aplicada no trabalho e encorajada como filosofia de vida. Quase tudo na empresa é decidido pensando em não levar a vida muito a sério. "Não se leve tão a sério" é um dos princípios que fazem parte da filosofia corporativa da empresa.

As campanhas promocionais são um exemplo disso, como a parceria com o fabricante de jogos Nintendo, para o lançamento do Wii. Em 2018, o voo 1883 partiu de Nova Orleans para Dallas Love Field com uma celebridade especial. Todos os passageiros foram surpreendidos a bordo com a presença do Mario, personagem dos jogos. Além do direito a fotos e autógrafos, todos os passageiros ganharam o novo console Nintendo Wii.

A empresa é uma das principais transportadoras de animais. Toda vez que há uma catástrofe climática, como furacões ou incêndios, animais domésticos se perdem de seus donos ou são abandonados intencionalmente. Em parceria com ONGs de proteção animal, a Southwest é a empresa que mais resgata animais em situações de risco, sem cobrar nada por isso.

DEZ MOMENTOS DA LINHA DO TEMPO

- **1967:** Rollin King e Herb Kelleher fundaram a empresa com o nome Air Southwest Co. O primeiro trecho aéreo era Dallas-San Antonio-Houston, com o preço de quinze dólares. O aeroporto em Dallas é o

Love Field, a palavra "love" passa a ser usada como referência à base operacional. Passageiros transportados no ano: 108 mil.

- **1971:** Mudança do nome para Southwest Airlines. Abertura do capital (IPO) em 8 de junho, com o valor da ação vendido a, aproximadamente, onze dólares. O nome da ação, LUV, é mais uma analogia à base operacional de Love Field.
- **1973:** A Braniff, companhia aérea concorrente, coloca o preço do bilhete Dallas-Houston a treze dólares. A Southwest responde rápido e coloca seu bilhete a treze dólares, ou 26 dólares ida e volta, com direito a uma garrafa de Chivas ou Smirnoff. Nos dois anos seguintes, a Southwest se torna o maior distribuidor de Chivas do Texas. Passageiros transportados no ano: 543 mil.
- **1974:** Primeiro ano de lucro, a partir deste ano seriam 47 anos de lucro consecutivos.
- **1986:** Gary Kelly é admitido na empresa com o cargo de *controller*. Passageiros transportados no ano: 12 milhões e 651 mil.
- **1988:** Aprovação pelo conselho do texto sobre a missão, a visão e os valores.
- **1990:** Inicia-se o comitê permanente de cultura, com participação dos colaboradores. Passageiros transportados por ano: 20 milhões.
- **2004:** Gary Kelly é promovido a CEO. Passageiros transportados por ano: 106 milhões e 200 mil.
- **2018:** A Southwest inaugura um novo centro de treinamento próximo à base de Love Field. A instalação inclui dois edifícios separados. O primeiro é um edifício de seis andares, o Wings,[11] um espaço para treinamento de 2.200 funcionários, dentre os 10.400 que trabalham em Dallas. O outro edifício é o Centro LEAD (Leadership Education and Aircrew Development Center)[12] para treinamento e reciclagem dos 8 mil pilotos da empresa. Passageiros transportados por ano: 163 milhões e 600 mil.

---

[11] Tradução livre: asas.

[12] Tradução livre: Educação de Liderança e Desenvolvimento de Tripulações Aéreas.

- **2019:** Os Estados Unidos entram na lista dos países que proibiram o uso do 737 MAX 800. A Southwest deixa de operar 34 aeronaves, o que causa um grande impacto em suas receitas.

BREVE ANÁLISE DA CULTURA

O escritório corporativo da Southwest Airlines fica na base da Força Aérea que faz parte do complexo aeroportuário de Love Field, em Dallas. Para chegar até o *campus* corporativo com acesso aos escritórios, é preciso passar por um controle realizado por militares. Na entrada do *campus*, há mais uma cancela, com uma guarita; dessa vez, a operação é realizada pela segurança própria da Southwest. Assim que nos aproximamos, uma segurança uniformizada saiu da guarita com um enorme sorriso: "Desejo um dia maravilhoso para vocês, rapazes! Como posso ajudá-los?" Já entramos em muitas empresas, mas nenhuma com uma recepção tão calorosa por parte de profissionais de segurança.

Ao entrar no *lobby*, é possível notar o quanto a arquitetura foi colocada a serviço da cultura. No teto, de ponta a ponta, havia umas cinquenta réplicas de Boeings 737, com cerca de 1,5 metro de comprimento, em cores diferentes e em ordem cronológica, cada uma delas retratando uma época da empresa. Enquanto aguardávamos ser chamados, foi possível identificar a linha do tempo da empresa: como a Southwest evoluiu e como a identidade visual das aeronaves acompanhou a evolução da marca e da cultura.

O primeiro andar estava decorado com o propósito e a visão. Os demais andares tinham, cada um, uma das categorias de valor e os princípios relacionados. No segundo andar, cuja categoria é o *Eu*, os valores são *orgulho, integridade* e *humildade*. Em uma das paredes, estava escrito em letras enormes um dos princípios: "Não se leve tão a sério!" Diante dela havia um grande painel com a foto de um dos fundadores, sorrindo. No canto esquerdo desse painel, havia um botão vermelho, como os de pânico. O visitante fica curioso e ao mesmo tempo constrangido se deve apertar ou não esse botão, mas depois de uns segundos a curiosidade vence a timidez e ele aperta o botão e o que se ouve é uma imensa gargalhada de Herb Kelleher!

Em termos de cultura, a Southwest é imbatível. Eles estão décadas à frente em relação ao mercado. Quando ninguém falava em cultura, o conselho de administração da Southwest já havia discutido visão, missão e valores. O texto final foi aprovado em 1988. O Comitê de Cultura, elemento importantíssimo de sustentação cultural, que ainda é raro, existe desde 1990 na Southwest. Ter uma diretoria dedicada à cultura e ao engajamento, independente do RH, é raríssimo, mas lá isso existe desde o início dos anos 2000.

A Southwest conseguiu consolidar sua cultura de tal forma que é difícil separar corporativo e operação. Parece ser tudo uma coisa só, desde os executivos do escritório de Love Field até os operadores que descarregam o avião, passando também pela tripulação. Tudo é mesclado. É um cardume que pensa e age de maneira muito bem coordenada. Para ilustrar esse fenômeno, que até o momento parece ser único no mundo, vamos retomar um caso ocorrido em 2011. Um caso muito triste que teve enorme repercussão, publicado originalmente no blog de Christopher Elliott.[13]

Em janeiro daquele ano, Mark Dickinson, um executivo da Northrop Grumman, estava em Los Angeles a trabalho quando recebeu um telefonema de sua esposa, Nancy, com uma notícia terrível. Seu neto de dois anos havia dado entrada no hospital, vítima de agressão do namorado da filha. A criança havia sofrido traumatismo craniano e não sobrevivera. Com morte encefálica declarada, seu corpo estava sendo mantido vivo graças a aparelhos, mas a família havia permitido a doação dos órgãos, que beneficiaria cerca de 25 crianças. Os aparelhos logo seriam desligados. E, para se despedir do neto, Mark precisava chegar ao hospital, em Denver, naquele mesmo dia, antes das 21 horas.

O itinerário não era simples. O voo partiria de Los Angeles para Denver, com uma escala com troca de aeronave em Tucson. O tempo de conexão era apertado. Era preciso passar pelo controle de segurança, em Tucson, e depois

---

[13] ELLIOTT, Christopher. Southwest Airlines pilot holds plane for murder victim's Family. *Elliot Advocacy*, 10 jan. 2011.

ir até o portão de embarque a uma grande distância. Mas Mark não podia perder o voo.

Já dentro do avião, em Los Angeles, ele ligou para sua esposa, explicou que o voo estava atrasado dez minutos e pediu para ela ligar para a Southwest, solicitando ajuda com o controle segurança em Tucson. Chegando a Tucson, havia uma grande fila para a revista de segurança. Mark procurou algum funcionário da Southwest, mas não encontrou ninguém. Tentou explicar o caso aos agentes da segurança, mas não obteve empatia nem boa vontade. Ele ficou desesperado. Correndo, com sapatos e cinto nas mãos, chegou ao portão de embarque doze minutos após o horário de embarque. Não havia ninguém lá, exceto um funcionário da Southwest, sentado, com uniforme de tripulante, olhando para o celular. Mark perguntou: "O avião para Denver já decolou?" O funcionário se levantou, ajustou o quepe na cabeça e respondeu: "Ah, você é o Mark? Sinto muito por seu neto. Não se preocupe, o avião não vai a lugar nenhum sem mim e eu não vou a lugar nenhum sem você. Relaxe. Nós vamos chegar lá. E novamente, em nome de toda a tripulação, digo que sentimos muito pela perda do seu netinho." Aquele funcionário era o comandante do avião. Enquanto isso, a chefe de cabine coordenava a central de operações para atender aos passageiros que poderiam perder conexões em Denver, para prestar assistência no local. A esposa de Mark havia entrado em contato com o call center da Southwest e, a partir dali, a solução foi articulada.

Há muitos casos como esse envolvendo a Southwest Airlines. Alguns podem ser encontrados no canal do YouTube e no site da empresa. Nenhum deles é fruto de um único herói, apesar de quase sempre haver um protagonista. Todos são resultado de uma colaboração genuína, fruto de uma cultura consolidada e saudável.

FILOSOFIA CORPORATIVA

O texto da Southwest apresenta quatro blocos: propósito, visão, promessas e valores.

Propósito

Conectar as pessoas àquilo que é mais importante em suas vidas, por meio de viagens aéreas cordiais, confiáveis e de baixo custo.

Visão

Ser a empresa aérea mais amada, mais eficiente e mais lucrativa do mundo.

Promessas

- A promessa de nossa empresa

"A Southwest proporcionará um ambiente de trabalho estável e seguro, com oportunidades iguais para todos de aprendizado e crescimento pessoal. Os funcionários receberão o mesmo cuidado, respeito e carinho dentro da organização que devem compartilhar externamente com cada cliente da Southwest."

- A promessa de nossos funcionários

"Demonstrarei meu **Espírito Guerreiro** esforçando-me para dar sempre o meu melhor e nunca desistir. Demonstrarei meu Coração de Servo oferecendo um Lendário Atendimento ao Cliente, tratando os outros com respeito. Expressarei minha atitude divertida não me levando muito a sério e fazendo parte da minha Família Southwest."[14]

Valores

Há nove valores, divididos em três categorias: eu, nós e a Southwest.

---

[14] *A warrior spirit*: um espírito guerreiro; *a servants' heart*: um coração de servo; *a fun-luving atitude*: atitude de quem ama divertir-se, que traduzimos por "divertida"; e *luving*, com u, na grafia coloquial do sul.

EU		
Como me apresento.		
ORGULHO	**INTEGRIDADE**	**HUMILDADE**
Ter uma forte ética de trabalho.	Agir como dono.	Não se levar muito a sério.
	Escolher fazer o certo.	Manter a perspectiva.
Tomar a iniciativa.	Ser corajoso.	Não ser um imbecil.
Ser *accountable*.		

NÓS		
Como tratamos uns aos outros.		
ESPÍRITO DE EQUIPE	**HONESTIDADE**	**SERVIÇO COM LUV**
Praticar a civilidade.	Falar.	Praticar a hospitalidade.
Pôr a equipe acima de si mesmo.	Ser transparente.	Viver de acordo com a regra de ouro.[15]
	Dizer a verdade.	
Ser inclusivo.		Não ser grosseiro.

A SOUTHWEST		
Como a Southwest é bem-sucedida.		
EFICIÊNCIA	**DISCIPLINA**	**EXCELÊNCIA**
Não tornar difícil o que é fácil.	Ser seguro.	Ter resultados.
	Ser focado.	Vencer do jeito certo.
Manter baixos os custos.	Ser confiável.	Ser o bom.[16]
Permanecer ágil.		

Rituais

- *Culture connection* — Evento de celebração de cultura.
- *Kicking tail* — Eventos de reconhecimento, celebração e premiação de performance e de valores, como esse, que é um concurso no

---

[15] A regra de ouro é: "Trate os outros como gostaria de ser tratado."

[16] No original, o *kick tail* é um programa de reconhecimento e recompensas da empresa. Literalmente, significa "chutar o traseiro", mas a Southwest usa o *kick tail* como um sinal de agradecimento por desempenho, que pode ser dado de um colega para outro ou pelo chefe para um membro da equipe. Os *kick ass* podem dar prêmios no final do ano.

qual os candidatos são indicados pelos colegas, que os veem como modelos a serem seguidos.

- Promessas Southwest — As promessas são compromissos apresentados ao novo colaborador logo na integração, repetidos nas reuniões matinais, nos treinamentos operacionais e de liderança. São dois juramentos apresentados em forma de promessa ou compromisso.
- A primeira promessa é da empresa para com seus funcionários, recitada pelos gestores ao seu time.
- A segunda promessa é dos colaboradores para com a empresa, recitada pelo time para seus colegas e gestores.

Histórias

- As histórias são contadas nos rituais, e as melhores são eleitas para serem gravadas e publicadas.
- *Cultura na prática* — canal no YouTube com as melhores histórias de atendimento ou de solução de problemas de clientes ocorridas no semestre.

Estrutura organizacional

- Diretoria de cultura organizacional.

Comitê de cultura

- *Company Wide Culture Committee* (CWCC) são grupos de colaboradores com membros tanto do corporativo quanto da operação, que se reúnem voluntariamente em cerca de 45 comitês espalhados pelo país para discutir maneiras de aprimorar e sustentar a cultura Southwest.

CAPÍTULO 10

CULTURA EM TEMPOS DE PANDEMIA E TRABALHO REMOTO

Concluímos este livro em meados de março de 2021, exatamente um ano depois do anúncio da primeira morte[1] no Brasil causada pelo coronavírus. A vítima foi um homem de 62 anos com histórico de diabetes e hipertensão, ele estava internado em um hospital especializado em pacientes de terceira idade, em São Paulo. Até então, havia no país apenas 234 casos comprovados de contaminação e cerca de 2.064 casos suspeitos, sob monitoramento. Uma

---

[1] A primeira morte por Covid-19 ocorreu em 17 de março de 2020.

semana depois, o prefeito da maior cidade do país decretava a primeira quarentena, e a maioria dos executivos teve de aprender a trabalhar remotamente. Naquele momento, boa parte das pessoas acreditava que somente quem morria pelo coronavírus eram pessoas acima de sessenta anos e com histórico de saúde debilitada. O resto da história, todos nós já conhecemos.

INÍCIO DO TRABALHO REMOTO

O trabalho remoto não era novidade em 2020. Esse conceito já vinha sendo testado há décadas por empresas, sobretudo do setor de tecnologia. Uma das primeiras a fazer esse tipo de experiência foi a IBM. Por volta de 1990, ela disponibilizou para um grupo de países, inclusive o Brasil, terminais 3270[2] para alguns executivos trabalharem remotamente. Uma iniciativa altamente corajosa e inovadora para uma época que ainda não havia internet[3] no país. Depois de algumas experiências e com a expansão da internet, a IBM ampliou o projeto globalmente. Em 2008, a empresa já havia realocado para o trabalho remoto 155 mil colaboradores, algo em torno de 40% do total de seus colaboradores. Esse projeto permitiu que a IBM devolvesse imóveis, mobiliário e reduzisse outras despesas, o que resultou em uma economia de 2 bilhões de dólares. Apesar dos excelentes resultados do ponto de vista financeiro, no ano seguinte, em 2009, surpreendentemente a IBM[4] interrompeu esse programa e chamou de volta **todos** os seus colaboradores que estavam trabalhando em suas casas. O que pode ter acontecido? Uma das lições aprendidas dessa experiência é que, para processos padronizados e rotineiros, o trabalho a distância funcionava muito bem, mas, para resolução de problemas, projetos que

---

[2] Terminais 3270, lançados em 1971, eram equipamentos no formato de torre ou totem, com teclado e monitor monocromático em tom fósforo verde, que formavam um único gabinete. Esses terminais funcionavam como dispositivos de exibição conectados aos mainframes 370 (computadores de grande porte) via linha telefônica discada.

[3] A internet foi lançada no Brasil pela Embratel em dezembro de 1994, ainda como linha discada. O acesso dedicado veio somente em abril de 1995, via RENPAC ou E1.

[4] GOMAN, Carol Kinsey. Why IBM brought remote workers back to the office and why your company might be next. *Forbes*, 12 out. 2017.

envolviam transformação, iniciativas que demandavam inovação disruptiva e principalmente de colaboração, o contato face a face era imprescindível.

Ficou claro para muitos analistas que uma das principais barreiras encontradas pela IBM e por outras empresas que fizeram experimentos semelhantes foi a limitação da tecnologia disponível na época. Além da velocidade reduzida da internet, os smartphones estavam engatinhando e não havia aplicativos colaborativos. Plataformas de videoconferência como as que conhecemos atualmente também não são novas, desde a década de 1990 elas vêm progressivamente evoluindo e se tornando cada vez mais presentes.

- 1995 — Webex
- 2003 — Skype
- 2010 — FaceTime
- 2011 — FaceBook Messenger
- 2012 — Zoom
- 2013 — Hangouts (Google)
- 2017 — Teams (Microsoft)
- 2017 — Meet (Google)

Mas, em termos de tecnologia, a realidade de hoje é bem diferente de 2009. No país, 100% dos 5.570 municípios do Brasil já possuem provedores com banda larga e 98,8% desses municípios dispõem de fibra ótica. Isso graças a dezenas de players que atuam no mercado, como a Huawei, que possui 100 mil quilômetros de fibra ótica instalados no país. Daqui a algum tempo teremos a quinta geração de telefonia celular em todo o território nacional, o 5G, que revolucionará o que entendemos por banda larga. A oferta de plataformas de reuniões virtuais também está expandindo; segundo o site Trust Radius, no início de 2021 havia disponível no mercado 101 diferentes plataformas de videoconferência. A tendência é que, em pouco tempo, já teremos no mercado recursos de holograma com preços acessíveis, tornando as reuniões e os eventos de educação bem mais interativos.

O trabalho remoto já era uma tendência mesmo antes da pandemia; uma pesquisa[5] conduzida em nove países pela McKinsey antes de 2019, com oitocentos gestores corporativos e de diversos setores, concluiu que 22% dos entrevistados esperavam que seus colaboradores estivessem trabalhando remotamente pelo menos dois ou mais dias por semana. Durante a pandemia, esse índice aumentou para 38%. Tudo indica que o modelo híbrido — colaboradores trabalhando alguns dias no escritório e outros fora — será uma tendência para as próximas décadas. Se isso for verdade, temos de encontrar maneiras de consolidar a cultura mesmo a distância.

PRINCIPAIS BARREIRAS PARA A CONSOLIDAÇÃO DA CULTURA NO AMBIENTE REMOTO

PARTICIPANTES DESCONECTADOS

Uma pesquisa conduzida pela VMware[6] com 4.666 respostas consistentes confirmou que apenas **20%** dos participantes prestam atenção e participam ativamente das reuniões ou dos treinamentos virtuais. O restante, 80%, apresenta dificuldade em manter atenção, desinteresse ou desengajamento:

- 27% prestam atenção, mas preferem permanecer passivos, em silêncio.
- 26% tentam prestar atenção, mas se dispersam frequentemente.
- 27% fazem outras coisas e prestam atenção somente quando escutam seus nomes.

---

[5] Pesquisa McKinsey — What's next for remote work: An analysis of 2,000 tasks, 800 jobs, and nine countries, 23 nov. 2020.

[6] VMware: empresa de software fundada em Palo Alto, na Califórnia, em 1998, com cerca de 10 mil colaboradores. Especializada em aplicativos (*app modernization*), armazenamento em nuvens (*cloud*) e segurança (*security*).

A pesquisa também detalha algumas respostas compiladas por companhias, o que pode sugerir possíveis reflexos da liderança e da cultura.

- eBay — 33% afirmaram que prestam atenção e fornecem feedback ao longo das reuniões ou dos treinamentos virtuais. Foi a empresa que apresentou o melhor engajamento em reuniões virtuais.
- Amazon — 33% revelaram que se dispersam frequentemente.
- Capital One — 54% revelaram que se dispersam frequentemente.

Há também casos de excesso de confiança na capacidade de fazer várias tarefas ao mesmo tempo sem "perder o foco", um sentimento de superioridade que algumas pessoas têm independentemente da posição no organograma. Vejam estes casos:

- Bernardo Bustillo,[7] vereador da cidade de Torrelavega, norte da Espanha, tinha de fazer a abertura de uma reunião virtual às oito horas da manhã com os demais vereadores de sua cidade. Ele posicionou seu iPad, checou a iluminação, testou o wi-fi, entrou na reunião, fez a abertura conforme previsto no rito cerimonial, deu bom-dia a todos os seus colegas, tudo ocorreu perfeitamente. Na sequência, tirou a roupa e entrou no chuveiro, esqueceu completamente que estava no banheiro. Todos que estavam presentes ficaram chocados com o que viram.
- Jeffrey Toobin,[8] jornalista especializado em legislação com mais de 25 anos de carreira na conceituada revista *The New Yorker Magazine*, se descuidou com a câmera aberta no retorno de uma das atividades de Salas Simultâneas.[9] Quando todos os participantes voltaram

---

[7] KASSAM, Ashifa. Man offers to resign after showering during live video meeting. *The Guardian*, 3 jul. 2020.

[8] NEW YORKER fires Jeffrey Toobin, after he reportedly exposed himself on Zoom. *The Guardian*, 11 nov. 2020.

[9] Salas Simultâneas: recurso técnico nativo em algumas plataformas de videoconferência, no qual os participantes são transferidos virtualmente para grupos menores, para uma discussão ou um exercício específico. A duração da atividade é definida pelo organizador; quando o tempo se esgota, a atividade é interrompida abruptamente e todos os participantes são transferidos de volta para a plenária.

> à reunião, ficaram chocados ao descobrir que ele estava se masturbando. Jeffrey foi demitido algumas semanas depois.
>
> - O vereador Ditinho do Asilo, durante uma sessão da Câmara de Bragança Paulista, por videoconferência, foi flagrado por seus colegas tirando uma calcinha vermelha[10] da bolsa. Ele foi avisado pelos colegas, mas já era tarde demais; no vídeo ele não só aparece analisando detalhadamente a peça como também cheirando-a.
>
> - Um CEO estava conduzindo uma apresentação para os sócios e para o CFO de uma grande agência. Ele apresentava um *business plan* cheio de detalhes e, por isso, compartilhava sua tela com os demais. Em plena discussão, em que tanto os sócios quanto o CFO colocam suas impressões sobre o planejamento, o CEO começou a responder a um e-mail particular, mas ainda com a tela compartilhada. Todos perceberam e um dos sócios educadamente chamou a atenção dele. Envergonhado, o CEO passou alguns minutos se desculpando.

PARTICIPANTES COM CÂMERAS FECHADAS

Quando participam de reuniões virtuais ou de workshops de desenvolvimento, alguns funcionários alegam instabilidade na internet e, por isso, não ligam a câmera. Você sabe exatamente o que as pessoas estão fazendo quando as câmeras delas estão fechadas nesses encontros? Veja estes dois casos:

> - Logo pela manhã, a executiva de um banco fez login para entrar na reunião semanal virtual, porém pediu licença para desligar a câmera pois o sinal de internet de sua casa estava oscilando muito. Mas, na realidade, ela voltou a dormir e esqueceu o microfone aberto. Para surpresa de todos os participantes e susto de seu gestor, depois de uns trinta minutos de reunião, os participantes começaram ao ouvir a voz de uma mulher que parecia desesperada. A altura da voz foi

---

[10] MOREIRA, Fernando. Calcinha vermelha — de nudez a ida ao banheiro: videoconferências colecionam gafes na quarentena. *Extra*, 17 ago. 2020.

aumentando até chegar aos gritos: "Acorda, minha filha! Acorda, fulaninha, você vai perder a hora! Você tem que parar de ficar acordada até tarde. Assim não dá!" Era a mãe da executiva que estava preocupada com o atraso de sua filha, que não podia perder a reunião da empresa. Não demorou muito tempo para a executiva acordar, mas foi o suficiente para todos entenderem o que havia acontecido.

- Uma empresa de alimentos realizou uma convenção anual de vendas no início de 2021. Cerca de quatrocentos membros da força de vendas de todo o país participariam remotamente e aproximadamente trinta gestores estariam em um estúdio coordenando todo o evento. Minutos antes da abertura oficial, um supervisor de vendas explicou ao seu gerente, por meio de mensagem de texto, que entraria no evento via celular, mas teria de permanecer com a câmera fechada por causa da internet. A convenção foi iniciada seguindo a programação; em determinado momento, o diretor comercial anunciou a premiação para os cinco melhores destaques do ano anterior. Ele também adiantou os prêmios: os novíssimos tablets recém-lançados no mercado, além de uma linda mochila com acessórios, cabos, adaptadores e teclado adicional do dispositivo. Um dos primeiros nomes a ser chamado foi do tal supervisor. O diretor chamou uma vez, duas vezes; na terceira vez, o supervisor atendeu aparentemente surpreso e assustado. Ele ficou tão empolgado com a premiação que acabou esquecendo onde estava. Ele estava em um motel! Assim que ele pegou o aparelho, seu polegar encostou no botão da ativar a câmera e foi possível ver parte do cenário: a boca dele suja de batom, a TV ligada com cenas de vídeo pornô e até a própria companheira vindo nua do banheiro.

PARTICIPANTES DESPREPARADOS

Notamos que muitos participantes não tinham o menor preparo para fazer parte de uma reunião virtual. Às vezes não sabiam o tema ou o objetivo da reunião e desconheciam como poderiam contribuir. Parte desse despreparo é causado pelo organizador da reunião, que deixou de comunicar ou de reforçar a importância da reunião e o que seria esperado de cada participante. Também faltou protagonismo e interesse do participante em procurar se informar e se preparar.

Antes fosse apenas falta de preparo, há também o descaso ou o desrespeito em relação à apresentação pessoal.

Chegou ao nosso conhecimento o caso de uma empresa do setor imobiliário que realiza reuniões de vendas semanalmente. Em um desses encontros, um dos corretores estava sem camisa; quando foi alertado pelo RH que deveria se vestir, ele contra-argumentou dizendo que estava na casa dele e que se sentia no direito de se vestir do jeito que quisesse. Mas talvez o caso mais chocante que vimos foi em uma reportagem[11] na qual foi relatado o caso do desembargador Dr. Carmo Antônio de Souza, do Tribunal de Justiça do Amapá, que, na audiência de 7 de abril de 2020, apareceu sem camisa diante dos demais colegas.

LACUNA DE LIDERANÇA

Muitas empresas fecharam as portas em razão da Covid-19, mas já estavam com dificuldades financeiras mesmo antes de 2020. Muitos executivos foram desligados na pandemia, mas já não vinham entregando resultados há algum tempo e estavam na marca do pênalti. Muitas empresas tiveram dificuldade em fazer uma transição ágil do trabalho presencial para o remoto, mas já traziam em suas estruturas gestores com estilo de liderança ultrapassados.

Por mais incrível que possa parecer, ainda há, no mercado, líderes contaminados com resquícios da era industrial, cujos pilares principais eram embasados no **comando** e no **controle**. São líderes que não evoluíram como pessoas, como indivíduos, por não investirem tempo e dinheiro em seu autodesenvolvimento. Eles acabam levando, para o ambiente corporativo, disfunções emocionais de ordem pessoal que, na realidade, deveriam ter sido resol-

---

[11] Desembargador comete gafe e aparece sem camisa em reunião pela internet. *UOL*, 16 abr. 2020. Disponível em: https://noticias.uol.com.br/cotidiano/ultimas-noticias/2020/04/16/desembargador-comete-gafe-e-aparece-sem-camisa-em-reuniao-pela-internet.htm. Acesso em: 18 mar. 2021.

vidas com autoanálise e, em casos mais críticos, com processos profissionais de mentoria e até terapêuticos. Líderes que usavam o **comando** e o **controle** no ambiente presencial foram os que mais tiveram dificuldade em se adaptar ao ambiente virtual, pois aumentaram a tentativa de controlar o que seus times estão fazendo a distância. O ritmo intenso de trabalho pode funcionar bem no presencial, mas no trabalho remoto causa danos emocionais no longo prazo e não é sustentável.

Liderança não é um conceito simples, é algo complexo por envolver um conjunto de habilidades complexas, como: dominância,[12] eloquência,[13] influência,[14] audácia,[15] resiliência,[16] aceitação da ambiguidade[17] e senso de urgência.[18] Essas habilidades em uma mente consciente e equilibrada geram resultados excelentes. Entretanto, em uma mente emocionalmente perturbada, pode produzir, em um extremo, líderes tóxicos e egocêntricos, e, no outro extremo, líderes fragilizados.

No primeiro ano da pandemia, acompanhamos diversos líderes conduzindo reuniões virtuais — gestores que já conhecíamos em ambientes presenciais. Notamos que uns mantiveram o bom nível de liderança que já possuíam antes da pandemia, mas outros, nitidamente, perderam a dominância e apresentaram uma fragilidade na liderança, bem aquém do necessário para fazer mudanças de modelo mental tão necessárias para o contexto do trabalho remoto.

Ficávamos preocupados quando víamos os RHs, os diretores e até os CEOs abrindo reuniões com frases e expressões sem força ao comunicar a

---

[12] Dominância: ascendência, autoconfiança para se colocar sobre outras pessoas.
[13] Eloquência: habilidade de organizar pensamentos e transformá-los em frases, articulando palavras e se expressando corretamente.
[14] Influência: habilidade de fazer com que outra pessoa possa ver ou aceitar outro ponto de vista.
[15] Audácia: um tipo de coragem que faz com que o indivíduo consiga elaborar sonhos diurnos, ideias abstratas e transformá-las em projetos.
[16] Resiliência: habilidade de se flexibilizar ou de se moldar diante de situações, conseguir voltar ao normal sem perder suas características originais, como um bambu.
[17] Aceitação da ambiguidade: habilidade de conseguir agir com situações complexas sem perder.
[18] Senso de urgência: habilidade de fazer as coisas sem procrastinar, não perder tempo.

agenda e, principalmente, algumas regras de manter a câmera aberta. Veja alguns exemplos:

- "Bom dia, gente, vamos dar início à nossa reunião, mas vou pedir um favorzinho, que vocês deixem a câmera aberta." — Favorzinho?
- "Pessoal, hoje o dia vai ser muito especial, seria muito bacana se todos deixassem as câmeras abertas..." — Seria muito bacana?
- "Olha, gente, peço que vocês aproveitem muito esse momento, além do conteúdo que vamos receber, é muito importante a nossa integração; então, vou pedir para que todos mantenham suas câmeras abertas, assim podemos ver o rostinho de todo mundo..." — Ver o rostinho de todo mundo?

Onde foi parar a dominância, a eloquência e a influência, tão importantes para a liderança?

MELHORES PRÁTICAS PARA CONSOLIDAR A CULTURA À DISTÂNCIA

Acompanhamos muitas empresas que foram muito bem-sucedidas na transição de suas operações do presencial para o virtual, não só em termos de agilidade, mas principalmente no que diz respeito à melhoria da produtividade. São empresas de vários setores que, de maneira surpreendente, conseguiram colocar boa parte de seus colaboradores trabalhando remotamente e com ganhos visíveis no senso de pertencimento e na adesão à cultura. Compilamos o que nos pareceu ser as melhores práticas em termos de engajamento à distância.

VOZ DO DONO

Em momentos de pandemia e distanciamento social, é normal as pessoas estarem amedrontadas, confusas e desunidas. O que elas mais precisam é receber mensagens com uma visão positiva do futuro, vindas do principal líder da empresa. Essa comunicação é essencial e jamais deveria ser delegada.

- Grave vídeos comentando ou parafraseando os valores e os princípios. O conteúdo (palavras) pode até ser conhecido por todos, mas a mensagem (jeito de falar e expressão) é nova.
- Grave vídeos ao longo do ano com mensagens de encorajamento para os desafios, tanto na vida pessoal como na corporativa, que todos terão pela frente.
- Grave vídeos agradecendo pelos resultados, mesmo que sejam parciais; não espere o término do ano para reconhecer ou agradecer.
- Compartilhe esses vídeos com sua liderança e depois suba-os para as redes sociais corporativas e privadas.
- Em suas mensagens, substitua o medo e a incerteza pela confiança e esperança no futuro.

RITUAIS

Sem rituais formalizados, a comunicação na empresa depende da boa vontade do líder; isso já é um problema no trabalho presencial, imagine no trabalho remoto, em que as justificativas de instabilidade do sinal da internet vão ser mais um argumento para não conduzir rituais.

- Estabeleça e formalize rituais que deem vazão à comunicação da cultura.
- Implante rituais de pertencimento fortalecidos por frases e temas inspiracionais.
- Escolha o primeiro horário da manhã, dessa maneira todos passam a receber logo cedo o "alimento para a mente" — *food for thought*. Os colaboradores iniciam o dia energizados para enfrentar os desafios do trabalho e da vida, e não perturbados com informações pesadas dos noticiários.
- Estabeleça rituais que fortaleçam os processos, o senso de pertencimento e a crença no futuro da empresa.

STORYTELLING

Toda empresa é formada por diferentes tipos de pessoas, tem histórias interessantes para contar. Então, conte histórias que tenham alinhamento com a cultura e nas quais os colaboradores sejam protagonistas. Você os terá mais próximos independentemente da distância física.

- Garimpe e classifique histórias de sucesso e de superação de sua empresa que façam conexão com a cultura.
- Identifique, nessas histórias, os protagonistas.
- Desenvolva a habilidade de contar histórias e dê destaque aos protagonistas.
- Selecione as melhores, grave-as e suba-as nas redes sociais, use-as nos treinamentos de integração e nos encontros de líderes; dessa maneira, a cultura é alimentada pelos colaboradores.

CÂMERA SEMPRE ABERTA

Manter a câmera aberta é sinal de respeito, e o contrário é verdadeiro. Manter a câmera fechada em uma reunião virtual é praticamente o mesmo que dar as costas ao apresentador em uma reunião presencial. Sem contato visual, a influência e a dominância ficam comprometidas, e a liderança, fragilizada.

- Atualize o contrato de trabalho e o código de conduta, inserindo cláusulas que determinem a câmera aberta e a participação ativa dos colaboradores.
- Não abra exceções, se um colaborador não tem uma internet estável, ele não está em condições de participar de reuniões.
- Se for necessário, audite a intensidade de sinal da área onde reside o colaborador.

DRESS & PARTICIPATION CODE

Vestir-se adequadamente e preparar-se para uma reunião são sinais claros de profissionalismo e de respeito à empresa. Participantes que se preparam fisicamente e se vestem para uma reunião virtual desejam ser vistos, têm maior autoestima, não têm receio de se expor, são os que mais fazem perguntas e os mais participativos.

- Câmera aberta e microfone fechado — não custa repetir.
- Estabeleça um padrão de apresentação pessoal coerente com seu negócio.
- Reconheça e valorize aqueles que se esforçaram para estar alinhados ao conceito.
- Chame no privado quem não evoluiu para feedbacks e alinhamento.

REUNIÕES CURTAS

Às vezes menos é mais, esse conceito é válido para as pautas de reuniões, sobretudo as virtuais.

- Concentre a agenda da reunião em poucos pontos, os mais críticos.
- Se possível, mantenha a duração das reuniões em torno de 45 a 60 minutos.
- Ensine e exija que sua equipe se prepare antes, lendo ou pesquisando algo.
- Diante de comunicações difíceis e em clima tenso, primeiro explique o motivo, o que está sendo mudado, quem está sendo afetado, como isso será feito e quando. Só depois abra para perguntas.

TODOS DEVEM FALAR

Desconfie do participante que entra mudo e sai calado de uma reunião virtual, pois esse desengajamento pode ser reflexo de um desalinhamento com a empresa ou de algum problema pessoal.

- Incentive e encoraje que todos possam falar na medida do possível.
- Com apoio de alguém, organize um registro de quem costuma permanecer calado nas reuniões; esse participante deve ser entrevistado após a reunião para tentar entender o que pode estar acontecendo.
- Chame no privado quem vem demonstrando sinais de desengajamento.

ATENÇÃO E REGISTRO DAS EMOÇÕES

Nunca foi tão importante dar atenção às emoções das pessoas. Em tempos de pandemia ou de trabalho remoto, nunca sabemos ao certo como as pessoas estão se sentindo e por quais dificuldades elas podem estar passando.

- Não deixe ninguém de fora, todos precisam de atenção.
- Convoque alguém para acompanhar suas reuniões com o objetivo de observar e registrar as emoções dos participantes, considere o uso de aplicativos de registros de notas, como o Trello, Evernote, OneNote e outros.
- Dê atenção à falta de sorriso, à irritabilidade, ao sono durante o dia, pois podem ser sinais de depressão.
- Disponha-se a ouvir, entendendo o contexto das pessoas. Se for o caso, encaminhe a situação para profissionais especializados.
- Restrinja o número de participantes na reunião pela quantidade de rostos que podem ser visualizados por tela da plataforma de videoconferência.

- Caso o número de participantes seja maior que a plataforma permita na tela, chame outros coorganizadores para que cada um possa observar as reações de um grupo de pessoas.
- Pesquise e conheça os recursos técnicos das plataformas de videoconferência, às vezes a plataforma que você está utilizando limita a visualização de muitos participantes.

MAIS ROSTOS E MENOS TELAS

Receber atenção está se tornando algo raro e de enorme valor; no entanto, em muitas reuniões virtuais, o responsável pela reunião valoriza mais o conteúdo que ele deseja apresentar do que a interação entre as pessoas. Participantes tendem a desengajar da reunião quando a tela está sendo compartilhada além do tempo necessário — minutos, às vezes segundos.

- Procure compartilhar os conteúdos — gráficos, planilhas, textos ou imagens — o mínimo de tempo possível, somente para fortalecer um argumento, ilustrar uma ideia ou comprovar um fato.
- Logo que a ideia for compreendida, interrompa o compartilhamento e volte o mais rápido possível para o rosto das pessoas.
- Priorize o engajamento, e não o conteúdo.

CHAME PELO NOME

Participantes tendem a ficar mais atentos e interessados quando seus nomes são mencionados e quando são convidados a participar da discussão.

- Instrua e exija que os participantes mantenham seus nomes no acesso à plataforma, e não o número de cadastro na empresa ou o número do celular.
- Chame os participantes pelos nomes.

INTERVALOS ENTRE AS REUNIÕES

Reuniões virtuais são mais cansativas que as presenciais por alguns fatores, sobretudo pela intensidade da luz.

- Não agende nem permita reuniões sequenciadas e que invadam o horário de almoço dos participantes.
- Os participantes precisam de um breve intervalo entre uma reunião e outra para responder mensagens pessoais, pedir uma refeição, fazer compras ou transferir dinheiro. Se você não instituir esses intervalos, eles farão essas atividades durante sua apresentação.

MENSAGENS NO HORÁRIO COMERCIAL

Virou moda líderes enviarem mensagens e e-mails madrugada adentro, querendo demonstrar com isso que são profissionais incansáveis. Na realidade, eles acabam mostrando que não possuem qualidade de vida nem bom senso em relação a horários de trabalho.

- Escreva tudo que for necessário e no horário que você se sentir mais produtivo, mas não envie a qualquer momento.
- Envie no horário comercial; se eventualmente for sair um pouco do padrão, avise que é um caso especial.

CAPÍTULO 11

UMA MISSÃO DO CONSELHO E DA ALTA GESTÃO

"Com grandes poderes, vêm grandes responsabilidades."
— Stan Lee

CURLING, O JOGO QUE NEM TODA ALTA GESTÃO TEM INTERESSE EM JOGAR

Também conhecido como xadrez do gelo, o *curling*, como o jogo de bocha, é um dos esportes coletivos mais antigos do mundo. Originado no século XVI, nos lagos congelados da Escócia, o que era para ser apenas uma simples brincadeira logo tornou-se um passatempo levado a sério. Virou uma atividade esportiva com regras, equipamentos próprios, uniformes especiais, fãs, torcidas profissionais, clubes centenários[1] e até participação em olimpíadas de inverno. Pode ser praticado por apenas uma dupla, mas é mais jogado por quatro jogadores. Seus equipamentos mais importantes são: a pedra de granito, cujo peso varia de dezessete a vinte quilos, a vassoura feita de fibra de carbono e os incríveis tênis deslizantes (*sliding foot*).

O nome "curling" está relacionado à primeira das três táticas do jogo, a qual consiste em dar uma pequena rotação ou giro (*curl*) ao lançar a pedra, fazendo com que ela deslize girando em torno de si; esse efeito dá à pedra um pouco mais de velocidade além daquela dada pelo lançador ao soltá-la. O lançador e o time de vassouras se comunicam o tempo todo durante o trajeto da pedra, não tiram o olho dela até que ela chegue à base. A segunda estratégia consiste em esfregar freneticamente a pista para aquecê-la. Nesse processo, o atrito da pedra com a pista pode ser administrado aumentando ou diminuindo levemente a resistência, fazendo com que não só o lançador, mas também a equipe de vassouras, possam influenciar a velocidade da pedra. A terceira estratégia está em remover a pedra do adversário, o lançador consegue isso fazendo com que a sua pedra se choque com a outra, retirando a pedra adversária da linha de chegada. O curling é uma excelente metáfora para descrever o papel da alta gestão no processo de transformação e consolidação de cultura. Quem estiver no comando de uma empresa, seja ele o fundador do negócio, a família controladora, o CEO contratado ou o conselho administrativo, deveria desempenhar os seguintes papéis:

1. Lançar a pedra — Lançar precisamente a filosofia corporativa e seus elementos da sustentação.

---

[1] Clubes centenários: os escoceses Kinross Curling Club, fundado em 1668, e o Kilsyth Curling Club, fundado em 1716.

2. Esfregar freneticamente a pista — Cuidar para que a trajetória da filosofia corporativa e os elementos da cultura "deslizem" por toda a organização até chegar à base da pirâmide.
3. Remover pedras adversárias — Movimentar para fora da organização subculturas que atrapalharão o processo.

ESTRATÉGIA DO JOGO CURLING	AÇÃO DA ALTA GESTÃO	IMPACTOS NA CULTURA
Lançar a pedra e não tirar o olho dela até que ela chegue à base.	Lançar a filosofia corporativa, rituais, storytelling, artefatos e demais elementos, lançados com determinação e firmeza mediante um processo de cima para baixo. A alta gestão, formada pelo presidente ou CEO, e o *C-Level* não tiram o olho da filosofia corporativa, até que esta chegue à base da pirâmide.	Mensagem única, inteira, passando pelos líderes e chegando aos colaboradores da base com a mesma intensidade e qualidade de informação, sem sofrer interpretações equivocadas.
Esfregar freneticamente a pista.	A alta gestão "limpando" o caminho, minimizando os atritos para que a filosofia corporativa e os demais elementos "deslizem" por toda a organização, não encontrando resistências.	Mensagem de que a alta gestão terá pouca tolerância a resistências, seja lá de qual nível do organograma vier.
Remover pedras adversárias.	A alta gestão movimentando para fora da organização silos, subculturas ou lideranças resistentes.	Mensagem firme e clara de que a estratégia e a cultura são inegociáveis.

No curling, quando a partida é jogada por quatro jogadores, o jogo fica bem mais interessante; o mesmo acontece com a cultura, fica bem mais dinâmico quando o projeto é conduzido por um time. Talvez por quatro "jogadores", em que as responsabilidades e as atribuições poderiam ser divididas da seguinte forma: quem aconselha, quem executa, quem oferece suporte e quem explica.

- Quem aconselha: conselho.
- Quem executa: presidente ou CEO.
- Quem oferece suporte: RH.
- Quem explica: consultores ou especialistas.

QUEM ACONSELHA: FALAR FREQUENTEMENTE SOBRE CULTURA É O PRIMEIRO PASSO

O interesse pelo tema "cultura corporativa" vem aumentando nos últimos anos, tanto pela alta gestão quanto por conselhos. Também aprendemos com colegas consultores que, em algumas empresas, o movimento por consolidar a cultura partiu justamente do conselho, como ocorreu com a Localiza e com o Itaú. Em outras, o movimento partiu do próprio CEO, como no caso da BRF. Entretanto, infelizmente esses bons exemplos estão mais para exceção do que para regra, ainda são poucos casos de conselhos que realmente tomaram a frente dessa pauta tão importante.

Apesar de citado como atribuição do conselho de administração no Código de Melhores Práticas de Governança Corporativa, elaborado pelo IBGC,[2] em que o conselheiro deve "preservar, reforçar ou, caso necessário, promover transformações na cultura e na identidade da organização", por ser subjetiva, a cultura ainda é um tema desconhecido. Esse distanciamento do assunto não é característica de todo conselheiro; uma pesquisa realizada pelo Insead e pela consultoria Mazars com 450 membros de conselhos de empresas europeias confirma essa percepção. A reportagem publicada na revista *Board Agenda*, intitulada de *Corporate culture is an alarmingly low priority for boards* ("Cultura corporativa é uma prioridade assustadoramente baixa para conselhos", em tradução livre), traz mais detalhes. Metade (50,15%) respondeu

---

[2] IBGC : Instituto Brasileiro de Governança Corporativa.

que não há alinhamento entre o propósito, a estratégia e a cultura praticados. A pesquisa realizada tem várias respostas interessantes, separamos apenas seis para estimular sua reflexão:

1. **32,41%** dos conselheiros responderam que não têm muita informação sobre qual cultura realmente é praticada.
2. **26,5%** dos conselheiros responderam que seus conselhos "precisam dedicar um tempo adicional significativo" ao tópico.
3. **25,23%** dos conselheiros afirmaram que não estavam gastando muito tempo discutindo se há ou não alinhamento entre o propósito e a estratégia propostos pelo conselho com a cultura praticada.
4. **24,92%** dos conselheiros admitiram que existiam algumas lacunas significativas entre o propósito e a estratégia, por um lado, e a cultura, por outro, e estavam enfrentando esses problemas.
5. **15%** dos conselheiros disseram que a cultura não era valorizada.
6. **5,25%** (apenas) dos conselheiros responderam que estavam muito confiantes de que a cultura desejada pelo conselho é a mesma praticada em todos os níveis da empresa.

Esses percentuais somente reforçam o senso comum de que o conselho não está dedicando tempo necessário para trabalhar a cultura. Se o conselho não estiver preocupado com a cultura, a alta gestão estará? Se a cultura não é tratada no conselho, por que o restante da organização haveria de levar a sério esse tema? Entrevistamos um alto executivo de uma multinacional brasileira, cuja imagem no mercado é ter uma excelente cultura, e ele nos disse que ouviu falar muito bem da tal cultura pelo *headhunter* durante seu processo seletivo e também nos momentos de integração (*onboard training*) com a diretora de RH. Contudo, quando assumiu sua posição como VP da divisão da América do Norte, o assunto "cultura" nunca mais foi falado nas reuniões de *C-Level*. Quando perguntamos sobre qual aspecto da cultura da empresa mais chamava a atenção dele, ele nos confessou que não se lembrava de nenhum e não conversava desse assunto com seus diretos.

O QUE O CONSELHO PODE FAZER

1. Colocar, na agenda das reuniões, pauta recorrente sobre o tema cultura.
2. Alinhar a cultura com o propósito, a proposta de valor e a estratégia.
3. Alertar o CEO sobre a enorme responsabilidade de exercitar a Voz de Dono.
4. Alertar a alta gestão que a cultura não vai se consolidar nas mãos do RH e que esse papel é principalmente da alta liderança.
5. Cuidar da sustentação da cultura mediante elementos de governança corporativa, como a instalação de um comitê de cultura permanente e de cargos dedicados exclusivamente à cultura, desatrelados do RH, como uma diretoria de cultura e pertencimento.

O QUE O CONSELHO NÃO DEVERIA FAZER

1. Permitir que mitos sobre a cultura sejam verbalizados como fatos verdadeiros, por exemplo: a cultura não muda; a cultura não pode ser copiada; não existe cultura certa ou errada; e as falácias ditas no mercado mencionadas no Capítulo 2.
2. Permitir que o departamento de marketing ou o departamento de RH, sozinhos, elaborem ou atualizem a filosofia corporativa.
3. Permitir que, depois de a empresa ter investido tempo e dinheiro na elaboração ou na atualização da filosofia corporativa, o tema fique engavetado.
4. Permitir que o RH fique abaixo da área administrativa ou do CFO.
5. Permitir que a alta gestão fique sem atualização contínua em liderança estratégica e consolidação de cultura.

QUEM EXECUTA: CULTURA É MISSÃO PARA UM TIME DE HERÓIS

O conceito de jornada do herói se refere à saga de um personagem solitário, também conhecido como *monomito*, que é aquele que resolve os problemas praticamente sozinho, sem ajuda de outros. Transformar uma cultura tornando-a consolidada e saudável não é uma tarefa simples, mesmo para os melhores líderes.

UMA MISSÃO DO CONSELHO E DA ALTA GESTÃO

Além do apoio do conselho, o presidente ou o CEO vai precisar de ajuda de seu time direto ou do *C-Level*. Portanto, os super-heróis solitários que nos desculpem, mas entendemos que essa é uma missão que está mais para os Guardiões da Galáxia ou para a Liga da Justiça do que para um Super-Homem. Nós, humanos, não somos muito difíceis de ser guiados. Como liderados, nossas necessidades básicas são relativamente simples, precisamos de direcionamento claro e visão positiva de futuro.

Com apenas essas duas informações, a humanidade ergueu a maior muralha já construída neste planeta, atravessou desertos que teoricamente eram intransponíveis, conquistou os polos, migrou de um continente para outro, enfrentou exércitos maiores que os seus, construiu canais que ligam oceanos, pisou na lua e está ensaiando colonizar Marte. Direcionamento é necessário para responder à pergunta que está no inconsciente das pessoas: para onde vamos? Quanto maior for o cenário de incertezas, maior é a necessidade das pessoas de ter um direcionamento claro. Sem isso não há adesão ao líder, não há fortalecimento do senso de pertencimento e o grupo não se coloca em movimento.

Uma vez saciada essa necessidade, é urgente acrescentar o tom, precisamos acreditar que o futuro será melhor que o presente. Precisa ficar claro que lá, para onde vamos, será melhor que aqui, onde estamos. Sem essa visão positiva do futuro, perdemos a esperança, a capacidade de elaborar sonhos diurnos e de desenvolver a ambição saudável. Esses elementos são essenciais para desenvolver a coragem, assumir responsabilidades, confrontar saudavelmente, superar desafios ou conquistar algo novo.

Do ponto de vista da população, não queremos receber direcionamento e visão positiva do futuro, do vice-presidente nem dos ministros do governo. Por melhor que seja o vice e os ministros, precisamos ouvir primeiro do presidente da nação. Depois a mensagem pode ser desdobrada por seus ministros. Assim como do ponto de vista dos liderados, não queremos ouvir o direcionamento apenas da fala da liderança intermediária. Como liderados, queremos e temos o direito de ouvir primeiro do CEO, depois do *C-Level*, dos diretores, dos gerentes e supervisores. O presidente ou o CEO que abre mão desse papel deixa a mente de seus colaboradores temporariamente com lacunas. Dizemos temporariamente pois esses espaços serão preenchidos por outros mensageiros que se utilizam de rumores (meias verdades), boatos (não verdades) e de pessimismo. E por mensageiros nos referimos tanto à liderança informal quanto à liderança formal, que não foi devidamente bem preparada. O presidente ou o CEO que delega essa tarefa frustrará seus colaboradores da mesma maneira que os fãs de uma banda de rock se sentem quando são pegos de supressa com outra banda fazendo a abertura do show principal.

O QUE O PRESIDENTE OU CEO PODE FAZER

1. Emprestar sua imagem, seu rosto e sua voz para propagar a cultura, trazendo nobreza, respeito, seriedade e, principalmente, coragem para o tema cultura. Sua mensagem deve chegar à base da pirâmide sem traduções e interpretações.

2. Estar presente e atuar nos rituais de pertencimento mais relevantes, participar de reuniões presenciais ou virtuais com toda a sua liderança, enviar mensagens otimistas por meio de vídeos curtos para toda a organização, estar presente no canal de TV corporativa e colocar sua voz, e não de locutores profissionais, nas declarações formais da empresa.

3. Escrever e assinar o Manifesto, texto que funciona como um divisor de águas entre o **antes** e o **depois** ou entre a cultura praticada e a desejada, fornecendo clareza, firmeza e direcionamento.

4. Dar o tom da comunicação aos **C-Level** e exigir consistência de comunicação no desdobramento da mensagem feita por seus executivos.

5. Certificar-se de que a formação de novos líderes, a reciclagem de líderes antigos e a integração de novos líderes (**onboard training**) estejam absolutamente alinhados com a cultura.

O QUE O PRESIDENTE OU O CEO NÃO DEVERIA FAZER

1. Esquivar-se dessa responsabilidade, deixando esse espaço de liderança aberto para ser ocupado por outros líderes da organização, causando rivalidade interna, perda de foco e instabilidade política.

2. Deixar de relacionar a cultura aos principais acontecimentos, sejam conquistas, sejam desafios.
3. Permitir que seus líderes diretos distorçam o tom de sua comunicação.
4. Permitir que o programa de transformação de cultura siga em frente sem rituais, storytelling e celebração.
5. Permitir que a cultura fique sem dono ou apenas nas mãos de um único executivo. A cultura precisa ter donos permanentes e um comitê estratégico pode ser uma boa solução.

O QUE O *C-LEVEL* PODE FAZER

1. Reforçar o direcionamento e a visão positiva de futuro passada pelo presidente ou pelo CEO, desdobrando a Voz do dono integralmente, sem alterar o tom.
2. Dar bons exemplos, participar dos rituais de pertencimento e atuar como multiplicadores leais da cultura.
3. Remover silos e focos de resistência — na analogia ao curling, as pedras adversárias no caminho.
4. Propor indicadores relacionando o lucro líquido ou EBITDA à consolidação da cultura.
5. Associar suas rotinas e seus processos com a agenda de consolidação de cultura ao RH.

O QUE O *C-LEVEL* NÃO DEVERIA FAZER

1. Deixar sem prazo a movimentação dos executivos classificados como inadequados ao alinhamento da cultura.
2. Aceitar que os rituais sejam descontinuados ou interrompidos.
3. Deixar de supervisionar a tradução feita por sua liderança para as equipes.
4. Ser conivente ou permitir interpretações equivocadas da mensagem original.

5. Permitir que a cultura fique sem dono ou apenas nas mãos de um único executivo. A cultura precisa ter donos permanentes e um comitê estratégico pode ser uma boa solução.

QUEM OFERECE SUPORTE: EM CULTURA, O COADJUVANTE É QUASE PROTAGONISTA.

Mesmo que em algumas empresas o RH já faça parte do time de heróis, que são aqueles que executam um projeto de cultura, seu papel deveria ser mais de coadjuvante do que de protagonista. Ser coadjuvante não é ser menor nem fazer menos. Coadjuvantes são importantíssimos, tanto que existe um Oscar exclusivo para esse papel. Coadjuvantes estão presentes em mitologias, no teatro, na ópera, em bandas musicais, nos esportes coletivos e individuais, na vida familiar e na corporativa. A realidade é que ninguém se faz sozinho; por trás de uma pessoa de sucesso ou de um projeto bem executado, sempre tem alguém no papel de apoio.

Akio Morita, fundador da Sony, não teria sido tão bem-sucedido sem o apoio e suporte de seu desconhecido sócio, Masaru Ibuka. Poucos ouviram falar de Steve Wozniak, talvez, sem ele, Steve Jobs não teria sido tão otimista nos primeiros anos da Apple. E dificilmente Walt Disney teria conseguido fundar a sua empresa sem a ajuda de seu irmão e sócio, Roy Disney. Em empresas familiares, o papel dos membros da família apoiando e encorajando os demais familiares que estão à frente do negócio é fundamental. Os coadjuvantes são essenciais desde que eles entendam qual é o papel que lhes cabe.

Conhecemos alguns casos de transformação de cultura muito bem-sucedidos cujo movimento foi iniciado pelo profissional de RH. Mas, em todos esses casos, o executivo do RH teve o mérito de fazer parte do *C-Level* e ter influência sobre seus pares, inclusive o CFO. Esse é o cenário ideal para o RH poder influenciar positivamente a gestão e pilotar um programa de transformação de cultura de cima para baixo. Mas, infelizmente, essa posição no organograma não é padrão. Por mais competente que seja o executivo de RH, na maioria das situações ele não terá força política suficiente para influenciar o presidente ou o CEO, mobilizar todo o *C-Level* e ainda enfrentar resistências internas que espontaneamente surgirão. Por outro lado, o RH tem um papel fundamental no processo de apoiar todo o programa, de auditar como a cultura está descendo até a base e de identificar oportunidades de melhoria em relação aos rituais, ao storytelling, à celebração e aos demais elementos de pertencimento.

O QUE O RH PODE FAZER

1. Evoluir o discurso. O profissional responsável pela área de gente e gestão é, acima de tudo, um executivo de negócios. Ainda muito embasada na preocupação do bem-estar das pessoas, em indicadores de RH soltos e dissociados do negócio, sua fala convencional precisa evoluir para um discurso mais estratégico, voltado ao negócio, que é o idioma falado pela alta gestão, principalmente nas reuniões de conselho.
2. Avaliar como a Voz do Dono está chegando até a base da pirâmide, com base em dados e pesquisas produzidos internamente.
3. Trazer informações de quanto a cultura está sendo consolidada, fazendo conexões com indicadores colhidos por meio de pesquisa de clima, *engagement*, acidentes, produtividade e rotatividade.
4. Propor evoluções nos mecanismos de sustentação da cultura, como melhoria nos processos dos rituais, na construção do storytelling, nos formatos de celebração e demais elementos de fortalecimento de pertencimento.
5. Certificar-se de que a conduta e o desenvolvimento contínuos das lideranças estejam alinhados com a cultura.

O QUE O RH NÃO DEVERIA FAZER

1. Confundir indicadores de clima com percepção de cultura, acreditando que, se o clima está ótimo, a cultura está consolidada e saudável. Já mencionamos, no Capítulo 2, que clima e cultura são coisas diferentes, e o RH deve compreender e refletir sobre esses e outros mitos que circulam pelo mercado.
2. Falar dos elementos da filosofia corporativa, como visão, valores ou princípios, sem fazer conexão com os problemas e os resultados da empresa.

3. Gerir indicadores de RH, como acidentes, rotatividade e clima, sem vincular causa e efeito com a cultura.
4. Não competir pelo holofote e pelo microfone com o CEO nem com os demais executivos do *C-Level*.
5. Basear-se mais em rumores do que em diagnósticos estruturados em pesquisas e em entrevistas de profundidade.

QUEM EXPLICA: ÀS VEZES É IMPORTANTE TER ALGUÉM PARA NOS AJUDAR A REFLETIR

A frase "Eu não posso ensinar ninguém, só posso fazê-los pensar" é atribuída a Sócrates e resume muito bem a importância do trabalho de consultores e especialistas de cultura. Cultura é altamente subjetiva e tanto o conselho como a alta gestão necessitam de luz nessa escuridão. Uma das causas desse tema ter sido tão mal explorado nas empresas se deve ao fato de ter sido explicada superficialmente. As apresentações ou as discussões sobre o tema ora são extremamente técnicas, ora tão óbvias que chegam a ser desnecessárias.

Assistimos a algumas apresentações que tinham tantos termos e expressões complexos que somente doutorandos em antropologia acompanhariam o raciocínio sem passar mal, além de carregarem no uso de definições vagas como: "a cultura de uma empresa é moldada por vários componentes tangíveis e intangíveis que, juntos, criam um ambiente propício ou não ao bom trabalho".

Assistimos também a outras tão superficiais com definições simplistas que, além de banalizarem o tema, não traziam reflexão e não faziam conexão com resultados, com frases do tipo: "cultura é o nosso jeito de ser." Um dos CFOs que entrevistamos desabafou contando que: "teve um dia que estávamos no conselho com tanta pauta pesada para tirar da frente e de repente chega o consultor junto com o RH com uma conversinha que me pareceu mais um convite para abraçar árvores do que algo realmente importante". Tanto o consultor quanto o especialista trazem a beleza do olhar de fora e de ajudar a perceber aquilo que está na nossa frente, mas por algum motivo não vemos.

O QUE O CONSULTOR OU O ESPECIALISTA PODE FAZER

1. Tornar o assunto que é subjetivo e, por natureza, está relacionado com pessoas o mais interessante possível para a alta gestão, sobretudo para o CFO e seus pares.
2. Estar atualizado com os melhores casos bem-sucedidos de culturas corporativas de empresas brasileiras, norte-americanas e europeias.
3. Realizar visitas técnicas procurando conhecer de perto o que essas empresas têm feito melhor ou diferente.
4. Aproximar membros de conselho, presidentes, CEO, membros do *C-Level* e RHs de empresas para incentivar a troca de melhores práticas.
5. Escolher casos de sucesso que tenham resultados financeiros consistentes e comprovados, de preferência vindos de empresas de capital aberto.

O QUE O CONSULTOR OU O ESPECIALISTA NÃO DEVERIA FAZER

1. Não se atualizar com livros e artigos especializados em cultura; cada vez mais esse tema será tópico de publicação.
2. Não se atualizar com as evoluções que o mercado vem fazendo na cultura. Por exemplo, já faz tempo que as empresas mais evoluídas vêm deixando de escrever o valor *ética* ou *integridade* por entenderem que são condições básicas para um empreendimento existir, portanto não deveriam ser propagadas como um valor.
3. Contentar-se em apenas desenhar a filosofia corporativa; é preciso elaborar e acompanhar o restante do programa de consolidação da cultura.
4. Pegar qualquer papel dos que já foram listados anteriormente; sua melhor contribuição é iluminar o caminho, mas quem tem de fazer o percurso são os protagonistas já mencionados.
5. Não acompanhar a rotatividade de executivos na empresa, principalmente o de RH, para o programa não perder seu fluxo.

Estamos longe de explorar todo o potencial que este país tem. Entre um total de aproximadamente 180 nações, o Brasil está entre os dez países com maior produto interno do mundo. Entretanto, tanto em produtividade quanto em inovação, estamos bem longe, em torno da posição 50º, dependendo do indicador e da fonte.[3] Exceto algumas áreas que são consideradas excelência em produtividade, como a produção de soja[4] por hectare, por exemplo, na qual podemos nos tornar o 1º no ranking mundial.

De maneira geral, o que produzimos, seja em produtos, seja em serviços, é com um enorme desperdício de recursos humanos e materiais, tempo, energia e dinheiro. Temos um espaço enorme para crescer e acreditamos que são os empresários, junto com o governo, que farão isso. Empresas bem controladas, com governança, com estratégia de crescimento e com uma cultura consolidada e saudável podem ajudar muito a posicionar essa nação no lugar em que ela realmente merece estar.

A inquietação que nós, autores, queremos provocar pode ser resumida com duas perguntas:

- Você está 100% satisfeito com a cultura de sua empresa?
- O que você está esperando para torná-la mais consolidada e mais saudável?

Ter uma cultura consolidada e saudável é perfeitamente possível. Colocamos neste livro tudo o que encontramos e que possa ser útil ao empresário e ao executivo que desejem transformar sua cultura.

Esperamos que possamos, juntos, erguer uma floresta de Culturability, que se tornará exemplo para outras empresas deste país.

Boa sorte e conte conosco!

---

[3] Fonte de inovação: 46º posição, de acordo com o *2020 Bloomberg Innovation Index*; fonte de produtividade: 57º posição, de acordo com o *World Population Review 2020*.

[4] Soja: 2ª posição, atrás apenas dos Estados Unidos, de acordo com o *Farms News 2020*.

ÍNDICE

A

accountability, 42

ambiente
  de inovação, 23
  remoto e cultura, 192
  saudável, 22

artefatos, 125

autoproteção, 77

B

BlackBerry, 70
  cronologia, 71
  cultura doentia, 76

Boeing, 61
  cronologia, 63
  cultura doentia, 70

C

canal de denúncia, 119

carteirada, 49

Cibra, 163

C-Level, momento, 143

código de conduta, 119

colaborador
  desculpas, 43
  "inimigo da empresa", 43

comunicação, 141
  plano estruturado, 142

conselho
  participação na cultura, 31

cultura
  à distância, 198
  consolidada, 84
    cinco critérios, 85
    e saudável, 86
    obstáculos para, 139
  definição de Schein, 18
  doentia
    sintomas e sinais, 33
  e estratégia, 16
  e grandes corporações, 30

fragmentada, 82
mitos e fatos, 26
modelo de, 17, 20
origem da palavra, 16
saudável
   seis elementos, 111
transformação, 135
culturability, 109

D

desculpability, 36
desculpas, 42
desrespeito, 91
DNA, 112
   respeito ao, 115

E

Edgar Schein
   definições de cultura, 17
e liderança, 18
empresa
   compartilhar a estratégia da, 39
   copiar cultura, 28
   sem cultura, 27
   sintomas e sinais, 34

F

fazer o certo, 22
filosofia corporativa, 112

G

gente & gestão, 145
gerenciar, 122
gerentes, momento, 143
gestão por consequência, 147
gratidão, 90

H

hábitos, 27
húbris, 54

I

identidade, 125
indignação, 136
inércia, 55
ingratidão, 91
intocáveis, 44
   por lei, 44
   por relacionamento, 45

K

Kodak, 55
   cronologia, 56
   cultura doentia, 60
   maior inimigo, 57

L

liderança, 35, 121
   atropelar a, 141
   ausente, 41
   informal, 41
   lacuna de, 196
líderes, 28
   accountables, 99
   carteirada, 49
   e castas, 45
   e intocáveis, 44
   e pessimistas, 50
   e silos, 46
   e voz do dono, 51
   que evitam enfrentamentos, 40
Lojas Renner, 157

M

Magazine Luiza, 152
manifesto, 118
marca, 125
mercado
   competição, 41
microgerenciamento, 22, 37
missão, 29, 116
modelo da árvore, 20
movimento, 22

P

pensamento
   comum, 37
   de dono
      ausência de, 36
pertencimento, 88
   quatro características, 89
princípios, 29
   da liderança, 116
problemas, 34
propósito, 29, 118
proximidade, 79

R

religião, 89
  rituais, 101
  storytelling, 103

S

senso de pertencimento, 22
Sewell, 167
silos, 46, 79
  cinco gatilhos, 80
sinais, 34
sintomas, 34
sonho, 115
Southwest Airlines, 178
storytelling, 124

T

transformação, 83, 135

V

valores, 29, 116
  originais, 116
visão, 29, 115
  e estratégia
    como filme, 39
voz do dono, 120, 142

Projetos corporativos e edições personalizadas
dentro da sua estratégia de negócio. Já pensou nisso?

Coordenação de Eventos
Viviane Paiva
viviane@altabooks.com.br

Assistente Comercial
Fillipe Amorim
vendas.corporativas@altabooks.com.br

A Alta Books tem criado experiências incríveis no meio corporativo. Com a crescente implementação da educação corporativa nas empresas, o livro entra como uma importante fonte de conhecimento. Com atendimento personalizado, conseguimos identificar as principais necessidades, e criar uma seleção de livros que podem ser utilizados de diversas maneiras, como por exemplo, para fortalecer relacionamento com suas equipes/ seus clientes. Você já utilizou o livro para alguma ação estratégica na sua empresa?

Entre em contato com nosso time para entender melhor as possibilidades de personalização e incentivo ao desenvolvimento pessoal e profissional.

PUBLIQUE SEU LIVRO

Publique seu livro com a Alta Books.
Para mais informações envie um e-mail para: autoria@altabooks.com.br

/altabooks /alta-books /altabooks /altabooks

CONHEÇA OUTROS LIVROS DA **ALTA BOOKS**

Todas as imagens são meramente ilustrativas.

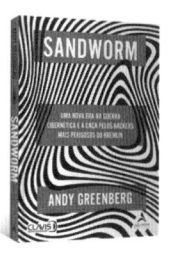

ALTA LIFE Editora
ALTA NOVEL
ALTA/CULT EDITORA
ALTA BOOKS EDITORA
alta club

Este livro foi impresso nas oficinas gráficas da Editora Vozes Ltda.,
Rua Frei Luís, 100 – Petrópolis, RJ.